경복궁
환상 여행

궁궐에 숨은 73가지 동물을 찾아서

경복궁
환상여행

궁궐에 숨은 73가지 동물을 찾아서

유물시선 지음

위즈덤하우스

차례

◊ 경복궁 동물 순례 지도 ◊

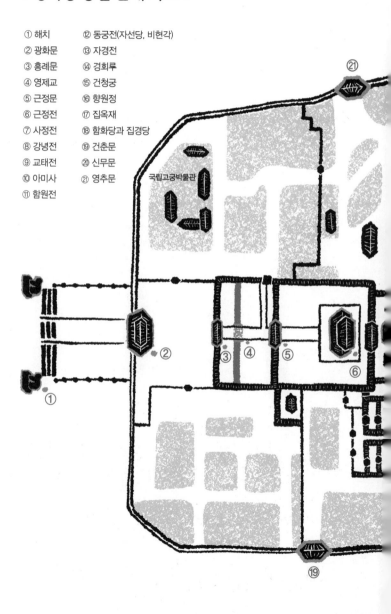

폐허로 남은 경복궁은 오랫동안 빈집이었다.

사람의 온기가 사라지고,

경복궁 곳곳을 지키던 동물들이 그 자리를 대신했다.

동물들의 모습과 표정에서

이름 모를 누군가의 생생한 염원을 상상해본다.

더 이상 불타지 않았으면 하는 마음,

나쁜 일은 사라지고, 상서로운 일만 생기기를 바라는 마음.

황량한 경복궁을 채우는
신비로운 동물 이야기.

광화문
光化門

: 임금의 큰 덕이 온 나라를 비춘다

일월의 광화(光華)가 사사로이 비춤 없고 우로(雨露)의 화육(化育)이 고루 적시기를. 건곤이 열고 닫을 때 집집마다 화락을 펼치시고 인의가 관건(關鍵)과 자물쇠 되어 자자손손 큰 상서로움을 들이시길. 빼어난 큰 기틀 세워 태산의 반석에 두며, 태평한 만세를 열고 태평성대의 춘대에 오르시길.

–《경복궁 영건일기》 광화문 상량문 중에서[1]

광화문은 네 번 다시 세워졌다. 태조 이성계가 새로운 나라 조선을 건국하면서 처음 세웠다. 200여 년 후, 임진왜란이 일어났다. 선조는 궁을 버리고 떠났다. 난의 와중에 경복궁도 광화문도 불탔다. 정문이 사라진 채로 경복궁에는 270여 년의 긴 세월이 흘렀다. 고종의 아버지 흥선대원군이 광화문을 중건했다. 흥선대원군은 이제 이 문으로 상서로운 일들만 들어오기를 바랐을 것이다. 그러나 광화문의 산전수전은 끝나지 않았다. 일제는 조선총독부를 세우기 위해 광화문을 해체하려고 했다. 그러나 조선 문화에 관심이 깊었던 일본의 민예연구가 야나기 무네요시(柳宗悅)가 이를 문제 삼는 글을 발표하면서 광화문은 사라지지 않았고, 궁의 동쪽으로 옮겨졌다. 광복 이후에도 곧바로 제자리로 돌아오지 못했다. 한국전쟁 중 누군가의 폭격으로 광화문은 또 부서졌다. 1968년이 되어서야 본래 자리를 찾았다. 완벽한 제자리는 아니었다. 조선총독부 청사를 기준으로 자리를 잡느라 위치가 살짝 틀어졌고, 나무가 아닌 콘크리트로 세웠다. 미완의 정문 앞에서 굵직한 현대사가 쓰였다. 민주화운동도, 월드컵의 열기도 일었다. 본격적인 광화문 복원은 2010년에 시작되었다. 2023년 10월 15일 월대가 복원되어 공개되었다. 지금의 광화문 월대는 고종 때의 모습을 바탕으로 복원된 것이다.

광화문의 변천사를 몸소 직관한 동물들은 그 광경들을 어떻게 기억하고 있을까. 앞으로 광화문 앞에서는 또 어떤 역사가 기록될까.

광화문 앞 파수꾼

해치

경복궁에서 처음 만나는 동물은 광화문에 들어가기 전 죽 뻗은 월대 양쪽을 지키고 서 있는 한 쌍의 해치다. 이 해치들은 큼직하고 둥그스름한 눈, 코, 입이 얼굴을 가득 채우고 있다. 벌린 입 사이로 날카로운 송곳니가 드러난다. 부리부리한 인상이 언뜻 사납다. 그러나 가까이 다가가 살펴보면 살짝 올라간 입꼬리를 발견할 수 있다. 한순간에 친근하고도 익살맞은 동물로 다가오는 순간이다.

해치는 선과 악을 구분하는 상상 속의 동물이다. 중국 후한의 문헌 《이물지(異物志)》에는 해치를 "뿔이 하나이고 성품이 충직하여 사람이 싸우는 것을 보면 바르지 못한 사람을 뿔로 받고, 사람이 다투는 것을 들었을 때는 옳지 않은 사람을 깨문다"라고 설명한다. 그래서 법관이 쓰는 모자를 '해치관'이라고도 한다. 해치가 사나워 보이는 사람은 평소에 나쁜 마음을 품고 살진 않았나 돌아볼 필요가 있다. 조선 시대 궁을 드나들던 관원들은 궁문 앞에 세운 해치 석상의 꼬리를 쓰다듬으며 마음을 점검했다. 21세기 사람들은 그 옆에서 함께 사진을 찍는다. 해치의 위풍당당한 자태는 가히 경복궁의 마스코트! 광화문을 가본 지 오래되었다면 해치의 위치를 광화문 바로 앞에 바짝 붙은 것으로 기억할 것이다. 본래 해치 자리는 광화문 월대 40~50미터 전방에 멀리 떨어져 있었다. 2023년 10월 15일, 광화문 월대를 복원하며 해치의 자리를 바로잡았다. 월대 복원으로 광화문 자체의 공간이 훨씬 넓어졌고, 해치는 있던 자리에서 도로 쪽으로 튀어나와 월대 앞쪽으로 진출했다. 광화문 해치는 경복궁 초입에서 터줏대감 노릇을 하고 있지만, 경복궁의 다른 동물 석상에 비하면 한참 짬이 모자란다. 고종 때 경복궁의 중건 과정을 모두 기록한 일기 형식의 책《경복궁 영건일기》(1866)의 고종 2년 12월 10일 기사를 보면, 광화문 월대 좌우 남쪽 모퉁이에 근정전 월대에 둔 것을 모사한 동물 석상을 1좌씩 세웠다는 내용이 있다.[2] 해치의 몸통과 꼬리에는 돌돌 말린 모양의 점 무늬가 새겨져 있는데, 이전 시기에 만들어진 해치 석상과 도상이 다른 것을 확인할 수 있다.[3]

월대란 궁궐이나 사찰, 왕릉 같은 곳에서 위계를 높이기 위해 놓는 넓은 단을 말한다. 월대의 존재는 곧 건물의 품위와 권위로 연결되었다. 광화문 월대는《경복궁 영건일기》가 쓰였던 고종 때, 흥선대원군이 경복궁 중건을 총괄하던 때에 처음 쌓은 것으로 보인다.《세종실록》을 살펴보면, 세종 때도 광화문 월대를 만들자는 의견이 나왔으나 세종은 농번기에 백성들을 수고롭게 할 수 없다며 반대했다. 이후로 월대에 대한 언급이 없는 것을 보면, 조선 전기까지 광화문 월대는 없었던 것으로 보인다. 지금 와서 광화문을 복원할 때 백성의 수고를 염려한 세종과 권위를 중시한 흥선대원군의 뜻 중 어느 것이 더 중요한지는 생각해볼 문제다. 그러나 어쨌든 현대의 경복궁은 고종 때를 기준으로 복원되고 있다. 최근 광화문 복원은 아마도 일제가 광화문 월대를 없애고 전차선로를 깔았던 비운의 역사를 원래대로 돌린다는 것에 더 큰 의미를 두고 있는 듯하다.

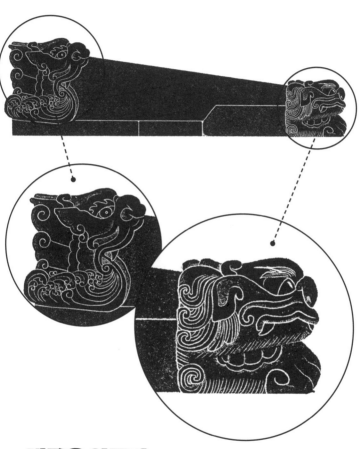

새로운 입주자

해치

본래 광화문의 동물 석상으로는 우리가 앞서 본 월대의 해치 석상 한 쌍과 광화문 정면의 돌벽 양쪽 귀퉁이 상단에 자리 잡은 해치 한 쌍뿐이었다. 그런데 2023년, 광화문 해치의 한참 후배가 새로 생겼다. 이제 막 용의 입에서 태어난 것 같은 모습이다. 원래 이 해치는 호암미술관 정원에 살고 있었는데, 어느 날 한 시민의 눈에 띄어 광화문 앞으로 이사 오게 되었다. 유튜브 동영상에서 호암미술관에 전시된 이 해치를 발견한 시민이 아무래도 궁궐 석조물 같다며 문화재청에 제보한 것이 계기가 되었다. 발굴 조사를 해보니 형태와 규격, 양식 면에서 고종 때 쓴 부재임이 거의 확실했고, 월대의 동물 석상을 받치는 자리로 가공해놓은 부분과 그 모양 및 크기가 일치했다. 생김새도 광화문 앞 해치 석상과 뿔의 개수, 눈썹, 갈기의 표현 방식과 가공 기법 등이 흡사하여 비슷한 시기에 만들어진 것으로 추정한다. 월대를 오르는 계단 장식에 활용되어 바뀐 월대의 위용을 한층 더 높였다. 새로 이사 온 광화문에서 두 발을 얼굴에 괴고, 엎드려 앉아 월대 계단을 오르는 우리의 모습을 호기심 어린 얼굴로 구경하는 것 같다. 예전에 살았던 호암미술관 정원보다 다양한 국적의 많은 사람을 이곳에서 맞이하면서 눈이 휘둥그레졌을 테다. 먼 옛날 광화문에 살던 시절을 떠올리며 그때를 추억하고 있을지도 모른다.

광화문 터줏대감

해치

진정한 고인 물은 사람들의 눈에 띄지 않는 구석에 숨어 있는 법. 광화문을 오래전부터 지켜온 해치는 따로 있다. 광화문 돌벽 상단 양쪽 귀퉁이에 있는 해치 석상은 조선 전기에 만들어진 것으로 추정한다. 광화문에서 4~5미터가량 떨어진 뒤 정면을 바라보면 광화문 좌우 끝 돌벽 위에 작은 해치가 보인다. 언뜻 광화문 앞에 있는 해치 석상과 비슷해 보이나 자세히 보면 조금 다른 것을 발견할 수 있다. 피부는 비늘 무늬로 뒤덮여 있으며, 머리의 비율이 전체 크기의 2분의 1에서 3분의 1로 아주 크다. 이러한 모양은 17세기 전반에 보이는 해치 도상의 특징이라고 한다.[4] 광화문 돌벽 위 양쪽 귀퉁이에 자리 잡고 앉은 해치 석상을 자세히 보면 광화문의 정면이 아니라 바깥쪽으로 몸을 틀어 궁 밖의 탁 트인 사방을 바라보고 있음을 알 수 있다. 광화문의 해치들은 선악을 구별하는 역할도 하지만 불기운을 막는 역할도 한다. 특히 돌벽 위 해치는 사람을 마주하는 위치가 아닌 무척 높은 곳에 있는데, 관악산의 화기를 막기 위해 설치한 것으로 보인다. 광화문의 다른 동물들이 경복궁을 방문하는 사람들을 환영할 때, 돌벽 위 해치들은 경복궁을 지나치는 사람들을 본다. 안 보이는 곳에서 궁 밖에 머무는 사람들을 두루 살피는 일. 광화문으로 궁을 드나들었던 지위의 사람이라면 갖춰야 할 가장 근본이 되는 도리이자 덕목이 아닐까. 오랫동안 정문 가장 높은 자리에서 넓은 세상을 바라보며 어떤 풍경을 눈에 담았을지 그 장면을 그려본다.

턱 밑의 래

광화문 앞을 지키는 동물은 수문장 해치들만이 아니다. 경복궁으로 들어가기 전에 광화문의 삼문 위를 올려다보자. 불룩 튀어나온 돌 여섯 개가 띄엄띄엄 배치되어 있다. 빗물이 흘러내리도록 설치한 물내림돌인 누조로, 입을 벌린 용 모양을 하고 있다. 광화문 안쪽 벽면에도 있는데, 누조 바로 아래에서 고개를 들어 올려다보면 용의 턱 밑에 어떤 기호가 새겨진 것을 발견할 수 있다. 《주역》의 기호 팔괘 가운데 하나인 '감괘(☵)'로, 우리에게는 태극기의 모서리를 구성하고 있는 '건 곤감리'의 한 모양으로 익숙하다. 감괘는 '물'을 상징한다.

그렇다면 왜 물내림돌에 감괘를 부조한 것일까? 한양 도성은 여덟 개의 산으로 둘러싸여 있다. 안쪽으로는 동서남북 순서로 타락산(낙산), 인왕산, 목멱산(남산), 백악산(북악산)이 있고, 바깥으로는 용마산, 덕양산, 관악산, 삼각산이 있다. 음양오행상 남쪽은 '불'을 상징한다. 관악산은 남쪽인 데다 바위산이어서 옛사람들은 불기운이 센 산이라고 생각했다. 광화문에서 남쪽으로 향하면, 화기를 품은 관악산을 마주하게 된다. 목조 건물에서 가장 무서운 것은 불이었기 때문에 누조에 물의 괘를 넣어 관악산의 불기운을 퇴치하고자 했던 것이다.

다음 중
하나의 문을 선택하세요.

문 지킴이 삼총사

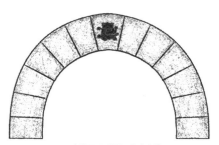

▲ 광화문 중앙문 지킴이 용

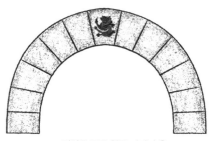

▲ 광화문 동쪽 협문 지킴이 용

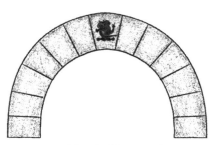

▲ 광화문 서쪽 협문 지킴이 용

여기 경복궁으로 들어가는 세 개의 문이 있다. 숭례문, 흥인문과 달리 광화문은 세 개의 무지개 모양 홍예문(虹霓門)을 두어 더욱 격식을 갖췄다. 세 개의 출입문에는 각각의 문을 지키는 듯 보이는 용 캐릭터들이 하나씩 새겨져 있다. 자세히 보지 않으면 그냥 지나치기 쉽다. 지금까지 이들을 따로 지칭하는 말이 없을 정도다. 이 문을 드나드는 사람이 많았을 텐데, 세 마리의 작은 용은 여태 사람들의 눈길을 끌지 못했던 것 같다. 셋 중 중앙문에 있는 용이 표정도 장식도 가장 화려하다. 마치 자신들을 못 보고 지나치는 사람들을 놀리기라도 하는 듯 혀를 날름 내밀고 있다. 좌우 협문의 용은 중앙의 용을 우러러 바라보며 서 있다. 중앙문이 왕을 위한 통로였기 때문이리라.

좌우 협문은 문무 관료들이 출입했는데, 관료들 간에도 출입문에 대한 규칙이 있었다고 한다. 경복궁 중건 후 고종 때 승정원의 승지는 경복궁 서쪽에 있는 영추문, 문무백관은 광화문을 이용하되 문관은 동쪽 협문, 무관은 서쪽 협문을 통과하도록 했고, 그 외 관원이나 심부름하는 사람들은 편의에 따라 하도록 했다.[5] 지금은 문을 드나드는 데 어떠한 규칙도 없으며, 당연히 왕만 드나드는 문도 따로 없다.

당신은 어떤 문을 통해 경복궁 여행을 시작하고 싶은가. 조선의 왕이 된 것처럼 중앙문으로 당당하게 걸어 들어갈 것인가. 아니면 남들 눈에 덜 띄는 동쪽 혹은 서쪽 협문으로 들어가 궁궐 구석구석을 살피는 관찰자가 되어볼 것인가.

무엇이 되었든 각자가 선택한 관문에 들어서면 당신과 짝을 이룰 상징 동물을 만나게 될 것이다. 자, 이제 하나의 관문을 선택해보시길.

경복궁의 동물 세계로
당신을 초대합니다.

중앙문 수호자

쌍봉

중앙문으로 입장한 당신의 상징 동물은 한 쌍의 봉황이다. 광화문 중앙문은 왕만 드나들 수 있었다. 쌍봉은 왕이 드나드는 길목마다 자리하고 있다. 광화문을 지나서 맞닥뜨리는 흥례문의 답도(踏道) 중앙을 보면, 거기에도 쌍봉이 있음을 확인할 수 있다. 답도란 한자 그대로 왕이 '밟는 길'인데, 가서 보면 계단 중앙의 널찍한 판에 봉황이 부조되어 있어 밟을 수가 없다. 실제 이 길은 가마를 탄 왕이 지나는 길이었다. 이 외에도 왕이 정사를 논했던 근정전의 천장 무늬 장식으로도 쌍봉이 활용되었고, 근정전 앞 월대의 답도에도 쌍봉이 있다. 광화문을 경복궁의 남문이라 하여, 남쪽을 상징하는 '주작'으로 혼용하여 해석되었으나《경복궁 영건일기》1865년 11월 4일 기록에 '쌍봉'이라고 명시되어 있어 봉황인 것이 확실해졌다. 봉황은 태평성대를 상징하는 동물이다. 고대 중국의 신화집이자 지리서인《산해경(山海經)》에는 봉황의 생김새를 군주가 지녀야 할 덕목에 비유한 대목이나온다. 봉황의 "머리는 덕(德), 날개는 의(義), 등은 예(禮), 가슴은인(仁), 배는 신(信)"을 나타낸다. 이것은 곧 왕이 지녀야 할 덕목이었다. 경복궁 내 건축물의 답도 중앙에는 쌍봉이 부조되어 있는데, 성군이 되어 태평성대를 이루길 바라는 마음이 담겨 있다. 이왕지사 임금의 마음으로 경복궁에 입장했으니, 쌍봉이 새겨진 답도 쪽에 서서경복궁 건축물마다 정면으로 마주해보자.

동쪽 협문 수호자

용마

동쪽 협문으로 입장한 당신의 수호 동물은 하늘을 나는 한 쌍의 용마(龍馬)다. 동쪽 협문은 문관이 드나들던 문이었다. 문관은 동반이라고도 한다. 용마는 용의 머리에 말의 몸을 한 신령한 동물로, 중국 전설 속 인물인 태호 복희씨(太昊 伏羲氏) 때, 황하강에서 무늬가 그려진 용마가 나타났다고 한다. 용마에 있었던 무늬를 하도(河圖)라고 한다. 여기에서 《주역》의 팔괘가 유래되었다.

용마의 머리에는 뿔이 있고, 턱에는 갈기가 길게 자랐다. 용마가 그려진 의장기는 왕의 행차 때만 사용되었다. 현명한 군주가 있을 때 용마가 나타난다는 말이 있을 정도니, 용마는 곧 왕의 위엄을 상징한다고 할 수 있다. '장수 나자 용마 났다'라는 우리 속담이 있는데, 어떤 일이 발생하면 그에 짝이 될 만한 일이 반드시 일어난다는 뜻이다. 반대로 반드시 짝이 되어야 할 일이 간발의 차이로 어긋났을 때도 이 속담을 쓴다. 어릴 적 겨드랑이에서 날개가 돋았다는 '아기 장수' 설화에 대해 한 번쯤 들어보았을 테다. 가난한 집안에서 태어나 비범하게 자란 아기 장수가 관군에게 잡혀 죽었는데, 그때 아기 장수를 태울 용마가 뒤늦게 나타나 주인을 찾아 헤매며 울다 죽었다는 이야기다. 재밌는 점은 아기 장수 우투리가 용마를 타고 온 이성계에게 죽임을 당했다는 설화도 전해진다는 것. 지배층을 상징하는 용마를 비범한 평민 출신의 아기 장수와 엮은 것이다. 왕에 대한 평민들의 반감을 읽을 수 있는 대목이다. 이성계가 처음 세웠던 조선의 상징 건물인 경복궁의 초입에서 떠올리기 좋은 이야기다.

서쪽 협문 수호자
거북

서쪽 협문으로 입장한 당신의 상징 동물은 거북이다. 무관이 드나들던 문이었다. 문관이 동반이라 불렸듯, 무관은 서반이라고 했다. 거북은 예로부터 수명이 길어 '장수'를 상징하는 동물로 여겨졌다. 장수(長壽) 동물이라서, 장수(將帥)들이 드나들었나? 거북은 현무라고도 불리는데 청룡, 주작, 백호와 함께 사방신에도 들어가고, 전설상의 네 가지 신령하고 상서로운 동물을 말하는 사령(四靈)에도 용, 봉황, 기린과 함께 속한다. 흔히 들어봤을 십장생, 즉 해, 산, 물, 바위, 구름, 소나무, 불로초, 거북, 학, 사슴 가운데 하나이기도 하다. 전승에 따르면, 고대 중국 하나라의 우임금이 홍수를 다스릴 때 낙수(洛水)라는 강에서 거북이 나왔다. 거북의 등에는 점 45개로 이루어진 아홉 개의 무늬인 낙서(洛書)가 있었고, 이것에 의해 정치 도덕의 아홉 가지 원칙인 '홍범구주(洪範九疇)'가 만들어졌다고 한다.⁶ 용마에 그려진 하도와 거북에 그려진 낙서를 한데 묶어 하도낙서(河圖洛書)라고 부르는데, 이것에 따라 동쪽 협문에 용마를, 서쪽 협문에 거북을 배치한 것이다.

거북 문양은 왕실에서 즐겨 사용되었다. 왕의 행정용 도장인 국새와 의례용 도장인 어보 손잡이도 거북 모양으로 만들어 임금의 장수와 다산, 왕실의 번영을 기원했다. 조선 시대에는 즉위한 지 1년 2개월 만에 요절한 예종을 비롯해 30대에 사망한 성종, 인종, 명종, 경종 등 단명한 왕이 많았다. 궁에 들어가는 삼문 중 하나에 하고많은 동물 가운데서 거북이를 그려 넣은 것은 그 무엇보다 왕의 무병장수를 중요히 여기고 가장 바랐기 때문이 아닐까.

용마루 내뿜는 입

다음은 광화문 더 높은 곳으로 시선을 옮겨보자. 광화문 지붕을 바라보면 평평한 용마루가 눈에 들어온다. 시선을 유지한 채 양쪽 끝을 따라가 보면 장식 기와가 있다. 잡상이라고 불리는 지붕 장식 위쪽으로 취두(鷲頭)가 보일 것이다. 너무 높이 있어 맨눈으로는 그 모양을 알아보기 어렵지만, 가까이 보면 표정이 꽤 생생하다. 눈을 크게 부릅뜨고, 입안의 날카로운 이빨이 훤히 드러날 정도로 입을 크게 벌리고 있다. 지붕 양 끝에서 벌린 입을 통해 곡선의 용마루가 기세등등하게 뿜어 나오는 것만 같다. 아니, 용마루를 삼키고 있는 건가. 용의 등 뒤로 쇠꼬챙이가 꽂혀 있는데 '홰꽂이'라고 한다. 새가 앉지 못하게 하는 기능적인 역할을 한다. 취두에는 미니 피뢰침 같은 홰꽂이 외에도 쇠 혹은 나무 등 재질이 다르거나, 크고 작은 다양한 모양의 못을 끼워두었다.

태안 앞 바다에서 조선 전기 왕실 건축물에 활용되었을 것으로 추정되는 용머리 취두가 발견되었는데, 이것의 뒤통수에는 구름 모양이 새겨진 칼이 꽂혀 있었다. 빗물이 취두를 통해 들어오는 것을 막는다는 의미라는 해석과 용이 용마루를 더 이상 갉아 먹지 못하도록 칼을 꽂았다는 이야기도 있다.

그런데 정작 취두의 어원은 용과 관련이 없다. 취(鷲)는 독수리를 뜻하며, 독수리 머리 모양과 흡사하다 하여 취두라 이름 붙여졌다. 취두의 유무에 따라 궁궐에서 그 건축물의 위엄을 알 수 있다. 건물 가장 높은 곳에 있는 장식이니만큼 위용을 표현하기에 좋은 장식적 요소였을 것이다.

고개를 치켜든

이제 광화문의 마지막 동물, 토수를 볼 차례다. 목이 아프겠지만 마지막으로 위용 있게 하늘로 뻗은 광화문의 기와 끝을 올려다보자. 토수는 지붕을 한층 더 맵시 있어 보이게 만들어주는 장식 기와다. 네 귀의 사래(추녀 끝에 잇대어 단 네모지고 짧은 서까래) 끝자락에 마치 손가락 골무처럼 끼워져 있다. 토수는 주로 용의 머리 모양이나 귀신의 얼굴 모양을 하고 있다. 마치 하늘을 향해 머리를 치켜든 모양새인데, 단순한 장식이 아니라 목재로 된 서까래가 비바람에 부식되지 않도록 덧씌우기 위해 만들어졌다.

건물을 사람으로 따지자면 지붕은 머리와 같다. 그렇게 생각하니 왕이 머무는 궁궐 지붕의 머리를 용의 머리로 장식하는 것은 당연해 보인다. 가만히 서서 토수를 바라보니 용마루의 용이 내뿜는 기와지붕의 기운을 지렛대 삼아 하늘로 승천하는 용의 역동적인 모습이 상상된다. 자, 이쯤에서 광화문을 뒤로하고 드디어 경복궁 안으로 들어가볼까?

흥례문

興禮門

:예를 널리 일으킨다

흥례문의 '흥(弘)'자는 청나라(황제)의 휘(諱)입니다. 만약 칙사의 행차라도 있게 되면 곤란할 소지가 있으니 '흥(興)'자로 편액을 걸도록 하겠습니다.

–《경복궁 영건일기》 1866년 12월 9일[7]

언제나 사람들로 북적이는 흥례문. 그러나 우리는 흥례문이 어떻게 생겼는지 둘러볼 겨를이 없었다. 그것도 그럴 것이 지금 당신이 경복 궁 입장 표를 보여주고 정신 없이 들어간 그 문이 흥례문이기 때문이다. 현대인들에게 흥례문은 표를 확인하는 입장 부스에 불과하다. 그러나 이 무심히 지나가는 관문에도 사연은 있다. 흥례문의 원래 이름은 '예를 널리 퍼트린다'는 뜻의 홍례문(弘禮門)이었다. 경복궁과 근정전, 사정전, 강녕전 등 주요 전각 이름은 처음 경복궁이 세워졌을 때 정도전이 지었지만, 광화문, 홍례문 등의 이름은 세종 때 지어졌다. 광화문은 여러 번 다시 세워져도 이름이 지켜졌지만, 홍례문은 흥례문이 되었다. 1867년 흥선대원군의 주관으로 경복궁이 중건되었을 때, '홍(弘)' 자가 문제가 되었다. 청나라 황제 건륭제의 이름 홍력(弘曆)과 같다 하여, 글자를 바꾸게 된 것이다. 당시 조선은 중국을 사대하였고, 높은 사람의 이름을 쓰는 것은 예의가 아니었기 때문이다. 흥례문도 광화문처럼 우여곡절이 많았다. 임진왜란 때 불탄 것을 흥선대원군이 중건했고, 이후에는 일제가 조선물산공진회 건물을 짓는다며 강제로 헐어버렸다. 나중에 이곳엔 조선총독부 건물이 들어섰다. 1995년 조선총독부가 폭파되고, 헐렸던 건물들의 제자리를 찾는 공사 때 흥례문도 복원되었다. 2001년의 일이다. 이때 우리에게는 한 번 더 문의 이름을 선택할 기회가 주어졌다. 세종과 흥선대원군 중 누구의 이상을 걸어야 오늘날 그 의미가 더욱 살아날 것인가. 결국 복원된 문의 이름은 보다시피 흥례문이 되었다.

영제교
永濟橋

: 영원히 백성을 구제하라

'지금 경복궁 명당에 물이 없다'고 하니, 내가 궁성의 동서편과 내사복시(內司僕寺)의 북지(北地) 등처에 못을 파고 도랑을 내어서 영제교의 흐르는 물을 끌고자 하는데 어떻겠는가.

-《세종실록》61권, 세종 15년 7월 21일 임신 2번째기사

왕의 위엄은 화려한 건축물에만 있는 것이 아니다. 오히려 건물과 건물 사이를 잇는 길목이 건물의 권위를 만든다. 그러므로 경복궁의 핵심 공간이라고 할 수 있는 근정전까지의 길은 아주 중요하다. 근정전으로 향하는 길목에 놓인 영제교 아래로는 금천(禁川)이 흐른다. 금천의 '금'에는 금하다, 삼간다는 의미가 담겨 있다. 이 다리를 건너면 임금의 구역이니 말과 행동을 삼가라는 의미다.

다리 주위에 신령한 동물들을 둔 것도 왕의 영역의 신성성을 강조하는 데 한몫하고 있다. 금천교는 세종 때 영제교라 이름 붙여졌다. 그 뜻은 '영원히 백성을 구제하고 싶다'는 세종의 마음이 반영된 듯하다. 영제교에서 금천 쪽을 바라보면, 양옆의 흙이 무너지지 않도록 설치한 돌벽인 호안석축 위에 서수(瑞獸), 즉 상서로운 동물 석상이 있다. 서수를 배치한 방식이 무척 독특하다. 영제교의 동물 석상들은 일제강점기에 수정전 앞쪽과 근정전 동쪽 등으로 자리를 옮기는 수모를 겪었으나 2000년 흥례문 권역 복원사업 때 다시 제집을 찾았다. 원래 자리로 돌아오긴 했으나, 영제교 돌다리 턱에 엎드려 앉아 있는 네 마리의 동물은 마른 바닥만 쳐다보는 신세다. 과거 경복궁의 물길은 북악산에서 향원정, 경회루, 영제교를 지나 청계천에 닿는 순서로 흘렀다고 한다. 서수들의 눈길이 닿아 있는 다리 아래 물이 흘렀을 모습을 상상해본다. 텅 비어 있는 풍경을 보고 있자니 어쩐지 서수들이 심심해 보인다.

영제교에 노니는 네 마리 동물의 모습은 현실 세계의 동물을 떠올릴 수 없을 만큼 희한하다. 처음에 이 동물들을 보고 '사자'라고 이야기하는 사람들이 있었다. 임진왜란 때 왜군을 따라 전쟁에 참여했던 일본 승려 제타쿠(是琢)는 《조선일기(朝鮮日記)》에 다리(영제교) 좌우로 '석사자'를 안치했다고 적어두었다. 그러나 조선 후기 유학자 이덕무는 《청장관전서(靑莊館全書)》〈이목구심서〉에 영제교 동물 석상을 보고, "얼굴은 새끼 사자 같은데 이마에 뿔이 하나 있고, 온몸에는 비늘이 있다. 새끼 사자인가 하면 뿔과 비늘이 있고, 기린인가 하면

금천의 호위무사

비늘이 있는 데다 발이 범과 같아서 이름을 알 수 없다"고 묘사하며, "중국 하남성 남양현 북쪽에 있는 종자의 비 곁에 두 마리의 석수가 있는데 그 짐승의 어깨에 하나는 천록이라 글이 새겨져 있고, 다른 하나는 벽사라 글이 새겨져 있다. 뿔과 갈기가 있으며 손바닥만 한 큰 비늘이 있으니 바로 이 짐승이 아닌가 싶다"라고 적었다. 조선 후기 문신 유득공은 《영재집(泠齋集)》 〈춘성유기〉에 "(1770년 음력 3월 6일) 경복궁에 들렀다. 궁의 남문(광화문) 안쪽에 다리가 있고, 다리 동쪽에 천록 두 마리가 있는데, 다리 서쪽의 것은 비늘과 갈기의 꿈틀거림이 완연하다"라며 아예 천록이라고 명명한 기록을 남겼다.[8] 이익의 《성호사설(星湖僿說)》에서는 천록을 뿔 끝에서 오색 광채가 나며 하루에 1만 8000리나 달린다고 설명한다. 외부의 침입과 흉한 기운을 막아주길 바라는 마음에서 보통 문 앞이나 다리 위, 무덤 등의 입구에 두었다. 비늘로 뒤덮인 몸과 머리 위의 뿔이 해치의 모습과 흡사하다.

용의 머리, 말의 몸, 기린의 다리 등 여러 동물의 형상을 조합한 형태다.[9]

네 마리 동물 석상을 유심히 살펴보면, 한 친구만 유독 혀를 날름 길게 내밀고 있는 것을 발견할 수 있다. 이 동물을 모티브로 캐릭터 '메롱해치'가 만들어져 유명해지면서 요즘은 해치로도 통용된다. 메롱해치는 각종 SNS에서 경복궁을 친근하게 알려주는 역할을 하고 있다. 그러나 '메롱~' 하는 익살맞은 귀여움으로 해석된 메롱해치 뒤에는 안타까운 사연이 있다. 일제강점기 때 일제는 경복궁을 전시장으로 활용하고 조선총독부를 지으면서 경복궁의 동물 석상과 전각들의 위치를 마구 바꾸고 훼손했다. 그 과정에 네 마리 중 한 마리의 윗입술이 부서져 버리면서 혀가 더 길어 보이게 된 것이다. 조선총독부가 간행한 《조선고적도보(朝鮮古蹟圖譜)》에서는 윗입술이 훼손되지 않았을 때 천록의 모습을 발견할 수 있다.[10] 윗입술이 온전했던 때의 모습을 보고 있으려니 영제교 아래로 물이 흘렀을 모습이 더욱 잘 상상된다. 원래 이 천록은 혀를 아주 살짝 내밀어 목을 축이려던 것이 아니었을까.

주위에 혀를 내밀지 않고 입을 꾹 다물고 있는 다른 천록들의 눈빛은 한층 더 맹렬해 보인다. 그러나 탱탱하게 오른 볼살 때문인지 다들 전체적으로 '귀염상'이다.

천록의 한자를 살펴보면 하늘 천(天) 자와 녹 록(祿) 자를 쓴다. 하늘이 내려주는 복록이라는 뜻인데, 《조선왕조실록》에도 천록은 자주 등장한다. 《태종실록》의 "이제 세자가 어린 것을 생각하지 아니하시고 빨리 천록을 전하려는 것은 어찌 세자를 사랑하는 소이겠습니까?"[11]에서처럼 주로 '임금의 자리'를 의미하는 용어로 쓰였다.

뜻을 알고 나니 영제교의 네 마리 천록이 신령하게 보인다. 다만 감히 접근하지 못할 왕의 위엄을 상징한다기에는 그 모습이 한가롭고 자연스럽다. 이러한 모습 때문에 영제교를 건너는 옛사람들이나 오늘날의 관람객들이 천록의 형상에 대한 감상을 한마디씩 거들게 되는 것이 아닐까. 아직 낯설게 느껴지는 경복궁 초입에서 궁궐을 한결 더 가깝게 만들어주는 동물들이다.

왕의 호위무사

용 / 공복

영제교 난간 기둥에는 둘씩 서로 마주 보는 용 조각상이 사방에 올려져 있다. 다리를 꼰 채 뒤돌아보는 듯한 자세로 앉아 있다. 한쪽 발은 쫙 펼쳐 발바닥을 보여주고, 다른 발은 난간 기둥에 디딘 채 단단히 버티고 있다. 언뜻 데칼코마니의 똑같은 석상처럼 보이지만 자세히 살피면 미묘하게 다른 점이 눈에 띈다. 하나는 눈, 코, 입이 둥글둥글한 인상이나 맞은편 용은 얼굴선이 뾰족하고 흐릿하다. 의도적으로 다른 특징을 살렸다기보다는 뾰족한 용의 얼굴이 손상된 듯하다. 중국 전설에는 '용생구자(龍生九子)' 즉 용의 아홉 자식 이야기가 전해진다. 《성호사설》에 따르면, 각 용의 이름은 비희(贔屓), 이문(螭吻), 포뢰(蒲牢), 폐안(狴犴), 도철(饕餮), 공복(蚣蝮), 애자(睚眦), 산예(狻猊), 초도(椒圖)로 각각 그 모습과 성격이 다르다고 한다. 영제교의 용 조각상은 그 모양이 다른 용들과 약간 다른데, 중국 명나라의 호시(胡侍)가 쓴 《진주선(眞珠船)》에 "공복은 천성이 물을 좋아한다. 그래서 다리 기둥에 세운다"라고 나와 있어 다리 기둥의 용들을 공복이라 부르고 있다. 창덕궁 금천교에도 비슷한 모양의 석상을 찾아볼 수 있다. 영제교를 건너 근정전으로 향하는 길목에 서면 정말 왕을 위한 길을 걷는 듯한 느낌이다. 영제교의 천록과 용들이 나를 호위해주는 것만 같다.

근정전

勤政殿

: 근면하게 정사를 돌보라

근정전과 근정문에 대하여 말하오면, 천하의 일은 부지런하면 다스려지고 부지런하지 못하면 폐하게 됨은 필연한 이치입니다. 작은 일도 그러하온데 하물며 정사와 같은 큰일이겠습니까?

–《태조실록》8권, 태조 4년 10월 7일 정유 2번째기사

영제교를 지나면 경복궁의 정전(正殿)인 근정전으로 들어가는 관문, 근정문에 다다른다. 근정에는 '근면하게 정사를 돌보라'는 뜻이 담겨 있다. 임금이라면 하루라도 부지런하지 않으면 안 된다는 의미다. 왕이 다니는 중앙의 큰 문 양옆으로 작은 문이 하나씩 있다. 흥례문처럼 양옆 문으로는 신하들이 출입했다. 근정문으로 들어가는 방향으로 섰을 때 왼쪽이 월화문(月華門), 오른쪽이 일화문(日華門)이다. 두 문의 이름은 세종 때 지어졌다. 월화문은 '달의 정화'라는 뜻으로 음의 성격을 띠므로 서쪽 문의 이름으로 지어졌고, 일화문은 '해의 정화'라는 뜻으로 양의 성격을 띠므로 동쪽 문의 이름이 되었다. 월화문은 무관이, 일화문은 문관이 출입했다. 지금은 언제나 가운데 큰 문을 개방해두지만, 조선 시대 때는 특별한 의례가 있거나 왕과 세자 등이 출입할 때만 열어두었다. 가끔 불꽃놀이 같은 행사도 근정문 바깥 뜰에서 이루어졌다.[12] 근정문과 근정전은 왕으로서의 시작이자 끝맺음을 알리는 '무대'이기도 했다. 왕의 즉위식, 왕비의 책봉 등을 선포하는 공간이면서, 왕이 생을 마감했을 때 국상을 발표하고 신하들이 모여 통곡하는 공간이기도 했다.

경복궁 동물 서식지의 하이라이트 공간인 근정전 월대에 진입해볼까. 근정전 둘레의 월대를 거닐어보면, 전각을 둘러싸고 여러 동물이 사방에서 호위하고 있다는 걸 알 수 있다. 근정전은 경복궁의 다른 어떤 건축물보다 높이 올라가 있다. 우리는 자연스럽게 근정문을 거쳐서 근정전을 우러러보며 앞에 서게 된다.

근정전의 월대는 두 개의 기단으로 이루어져 있으며, 그 위 중심에 근정전을 세웠다. 월대에서는 각종 국가적 의례가 진행되었다. 한때 임진왜란으로 폐허가 되기도 했지만, 고종 때 일부 근정전 동물 석상들을 복원하면서 현재는 경복궁의 하이라이트 공간으로서 그 역할을 톡톡히 하고 있다.

임금이 통행하는 중앙 계단에는 답도와 엎드린 해치가 장식되어 있다. 양옆에서 해치가 호위하는 가운데 널찍한 답도, 즉 왕의 길인 어간석에는 봉황이 새겨져 있다. 봉황은 예로부터 신성한 길조를 부르는 동물로 여겨져, 봉황이 출현하면 태평성대가 온다고 믿었다. 봉황 문양은 궁 이곳저곳에 다양한 형태의 장식으로 활용되었다. 궁궐을 봉궐, 궁궐의 문을 봉문이라 부를 정도로 곳곳에 봉황이 있다. 중국 후한의 옛 사전 《설문해자(說文解字)》에서 묘사하는 봉황의 신체적 특징을 읽어보면 더욱 신비로운 동물처럼 느껴진다. "봉새의 모습

왕의 길

봉황과 해치

을 보면, 앞은 기러기를, 뒤는 기린을, 목은 뱀을, 꼬리는 물고기를, 이마는 황새를, 뺨은 원앙을, 무늬는 용을, 등은 호랑이를, 턱은 제비를, 부리는 닭을 닮았다"[13]라고 되어 있다.

다양한 동물의 모습이 조합된 형상이다. 우리가 알고 있는 봉황의 형상보다 훨씬 더 판타지적으로 묘사되었다. 봉황의 외형은 시대에 따라 변화해 점차 우리가 지금 유물 속에서 보는 모습으로 굳어졌다.

> 봉황이 소리 높여 울고 있네, 저 산등성이에서.
>
> 오동나무가 자라고 있네,
>
> 아침 햇살이 눈부시게 비춰주는 저 동산에서.
>
> -《시경(詩經)》 대아 편

> (순임금의 음악인) 소소를 아홉 번 연주하니,
>
> 봉황이 날아와 춤을 추었다.
>
> -《서경(書經)》 익직 편

근정전 봉황 답도는 언뜻 흥례문의 봉황 답도와 똑같은 모양처럼 보이지만, 자세히 보면 다른 부분이 있다. 보통 봉황은 신비한 구슬, 보주(寶珠)를 지닌 모습으로 표현된다. 그런데 근정전 봉황에는 보주 자리에 구슬이 아닌 태극 문양이 들어가 있다. 근정전 월대에는 태극 문양이 더 있는데, 바로 동쪽과 서쪽에 있는 돌계단 옆막이 돌이다.

동양적 세계관에서는 태극에서 출발한 음양이 오행과 결합하여 만물을 생성한다고 보았다.

다시 근정전의 중앙 계단으로 돌아오면, 답도의 봉황을 양쪽의 해치가 호위하고 있다. 근정전의 해치는 마모가 많이 되어 정확히 해치의 형태로는 보이지 않지만, 머리 위로 길게 자란 뿔은 다른 부분에 비해 선명하게 남아 있다.

사방신, 28수 별자리, 12지신

근정전 월대에 서식하는 동물 석상은 오늘날 우리가 아는 어떤 하나의 동물로 명확하게 특정할 수 없다. 현재까지의 연구 자료와 《경복궁 영건일기》를 살펴보면 크게 세 분류로 나누어 근정전의 동물을 해석하고 있다. 기존 연구는 근정전을 중심으로 사방신과 12지신 가운데 개, 돼지를 제외한 동물들을 배치했다고 주로 해석했고, 현재까지도 많은 사람이 그렇게 알고 있다. 그러나 2018년 공개된 《경복궁 영건일기》를 통해 놀랍게도 28수 별자리 동물로 조각되었다는 사실이 밝혀졌다. 28수는 밤하늘의 동서남북에 각각 일곱 개씩 배치되어 있는 별자리를 말한다.

12지신이 아닌 28수 별자리라고 하니, 근정전 월대의 모습에서 조선시대 천문도인 〈천상열차분야지도〉가 연상된다. 근정전과 비슷하게 사방신, 12지신, 28수 별자리가 나오기 때문이다.

▲ 〈천상열차분야지도〉

사방개유칠수 각성일형(四方皆有七宿 各成一形)

사방은 모두 칠수가 있으며, 각 하나의 모습을 이룬다.

동방은 용의 형상을 이루고, 서방은 호랑이의 형상을 이루며

모두 남쪽이 머리, 북쪽이 꼬리다.

남방은 새의 형상을 이루고, 북방은 거북이의 형상을 이루며,

모두 서쪽이 머리, 동쪽이 꼬리다.[14]

세종 때 편찬된 우리나라 최초의 천문서 《천문유초(天文類抄)》에서도 하늘을 동서남북으로 나누고, 하늘에 떠 있는 별자리를 28수 동물 모양으로 형상화하고 있다.

먼저 근정전에 가장 가까운 상월대, 즉 우리가 봤을 때 2층에 자리해서 동서남북을 호위 중인 청룡, 백호, 주작, 현무부터 만나볼까.

동쪽 사방신 / 12지신 진(辰)

청룡

첫 번째로 청룡부터 찾아보자. 근정전 정면을 바라보고 오른쪽, 방위로는 동쪽 상월대 꼭대기에 청룡이 있다. 근정전의 청룡은 화려한 비늘로 온몸을 휘감고 커다란 꼬리로 똬리를 튼 채 앉아 있다. 두터운 꼬리가 빈틈없이 겹쳐 있어 무게감이 느껴진다. 몸집에 비해 자리가 비좁아 보일 정도다. 다른 근정전 동물 석상들보다 조각의 세공이 세밀하다. 용은 사방신, 28수 별자리, 12지신에 모두 속한다. 사방신 개념은 고대부터 비롯되었다. 평안남도 강서군 우현리의 고구려 강서대묘와 충청남도 공주시 송산리 6호분의 백제 고분 등 고대의 무덤에서도 사방신을 찾아볼 수 있다. 오행 사상과 사방을 대응시키면 동쪽은 목(木), 서쪽는 금(金), 남쪽은 화(火), 북쪽은 수(水)가 된다. 동방을 다스리는 청룡을 '태세신(太歲神, 목성)'이라고 부르기도 한다.

서쪽 사방신 / 12지신 인(寅)

서쪽 사방신 / 12지신 인(寅)

백호

백호는 근정전 정면을 바라보고 왼쪽 상월대에 좌정하여 서쪽 방위를 지키고 있다. 동그란 눈을 부리부리하게 뜨고 날카로운 송곳니를 드러내며 삿된 기운에 위협 중이다. 경복궁의 서문인 영추문 천장에도 백호가 그려져 있다. 같은 백호지만 천장화와 석상의 느낌이 다르니 비교해서 살펴보면 좋다. 백호가 그려진 깃발은 사직과 종묘의 제사나 조회 등에서 왕과 왕세자, 왕비가 행차할 때 의장기로 사용되었다. 궁중 악기 중에는 '어(敔)'라는 게 있는데, 어는 타악기로 음악의 끝을 알리는 역할을 한다. 위치도 끝을 뜻하는 서쪽에 배치되어 '마침'과 '결실'을 의미한다. 크기는 1미터가량 되며, 백호가 정면을 바라본 채 엎드린 모습을 하고 있다. 대나무 채로 백호 등 위에 난 돌기 모양 톱니를 드르륵 쓸거나 머리를 탁탁 두드려 연주한다.

호랑이는 맹수의 왕으로 무엇이든 제압하며, 사악한 것을 막는 동물이라 여겼다. 또한 병을 막아주고 복의 기운을 상징하는 의미로 호랑이 문양을 썼다. 꿈에 호랑이를 보면 관운이 트일 징조라고도 전해 내려온다.[15] 상상의 동물은 대개 여러 동물의 신체가 결합된 모양으로 묘사된다. 이때 용맹한 호랑이의 무늬와 발톱, 이빨 등의 형태가 자주 활용되곤 했다.

남쪽 사방신

근정전 남쪽의 상월대, 그러니까 근정전을 정면으로 바라보고 계단을 올라가면 주작이 좌정하고 있다. 주작은 남쪽의 일곱 영역 별자리를 통솔하는 남방칠수, 남쪽의 대표 수호신이다. 주작은 고구려 고분 벽화에서도 꽤 많이 발견되는데, 무덤 남쪽을 지키는 수호신 역할을 한다. 주작은 여러 시대 속에서 봉황이나 수탉과 비슷한 모습으로 묘사되며, 때로는 화려하게 때로는 소박하게 다양한 모습으로 형상화되었다.

근정전의 주작은 멋스러운 무늬의 날개를 모은 채 고요히 앉아 있다. 날개의 깃털 하나하나, 머리 위 볏까지 세심하게 조각된 것이 인상적이다. 살짝 아래로 내리깐 시선에서 조용하면서도 고고한 카리스마가 풍겨온다. 언뜻 보면 닭과 비슷해 보이지만, 근정전에 있는 다른 닭의 모습과 비교해보면 깃털의 화려한 문양부터 자세까지 확연히 다른 무게감을 더욱 잘 느낄 수 있다.

북쪽 사방신

근정전의 뒤편으로 건너가면 상월대 중앙에서 현무를 만날 수 있다. 사람들은 현무를 사방신 중 하나라고는 알고 있지만, 어떤 동물인지는 정확히 잘 모른다. 유교 경전 《예기(禮記)》에서는 "현무는 거북이다"라고 적고 있고 때로는 땅에 사는 신령한 거북, '영구(靈龜)'라고도 불리었다. 또 현무는 고분벽화 등에서 검은색의 거북과 뱀이 엉킨 형상으로 그려지며 사람들에게 더욱 신비하게 인식되었다. 고구려 고분벽화 강서대묘의 현무가 가장 유명하다. 예로부터 청룡과 백호는 벽사(辟邪), 즉 사악함을 물리치는 역할을 맡았고 주작과 현무는 음양의 조화를 담당했다.

근정전에 있는 현무는 딱딱한 등껍질과 작은 머리, 그리고 꼬리가 있어 뱀보다는 거북의 모습에 가깝다. 그러나 "내가 보통 거북으로 보여?"라고 묻는 듯 고개를 뒤로 돌려 날카롭게 드러낸 큰 송곳니 네 개에서 위협적인 뱀의 얼굴을 떠올리게 한다.

경복궁의 북문인 신무문 천장화에서도 거북 한 쌍을 발견할 수 있다. 향원정을 지나 청와대로 향하는 북쪽에 있으니 그쪽으로 나갈 일이 있다면 함께 비교해볼 만하다.

근정전의 중심에는 일곱 개의 발톱을 가진 두 마리의 황룡 조각이 있다. 어디에 있나 한번 찾아볼까? 현재 근정전 내부는 입장을 금하고 있지만 열린 문 사이로 건물 안쪽이 어떻게 생겼는지 정도는 감상할 수 있다. 황룡을 맞이하려면 근정전 측면으로 간 뒤, 열린 옆문으로 고개를 쭉 밀어 넣어 천장을 봐야 한다. 황금빛 쌍룡은 근정전 보개천장에 설치되어 있다. 우리가 볼 수 있는 쌍룡은 중앙 보개천장의 것인데, 어좌 위에 있는 닫집 보개에도 쌍룡이 설치되어 있으나 밖에서는 보이지 않는다. 보개천장은 궁궐 정전이나 편전에서 특별하게 공포(工包)란 구조물을 설치하여 다른 곳보다 높게 만들고, 용이나 봉황 등으로 화려하게 장식한 천장을 말한다. 단숨에 근정전이 가진 화려함의 정점이 바로 천장에 있음을 깨닫게 된다. 근정전 바깥 월대의 동서남북 방위의 사방신들이 가까이서 수호하고 있는 동물은 바로 근정전 천장의 쌍룡이었다.

두 마리의 용이 가운데 여의주를 감싸고 노니는 듯한 풍경이 펼쳐진다. 흥미로운 점은 일반적으로 황제나 왕을 상징하는 용은 다섯 개 발톱을 가진 오조룡으로 표현되는데 근정전의 용은 일곱 개의 발톱으로

근정전 천장 쌍룡

칠조룡

조각되어 있다. 덕수궁의 정전 중화전 천장에 새겨진 용의 발톱도 다섯 개다. 이를 두고 더 높은 권위를 보여주기 위해 일곱 개의 발톱을 조각했다는 의견이 있으나 확실하진 않다. 《경복궁 영건일기》에 "28수를 사방 7수로 월대에 놓았다"는 기록을 참고하면, 사방의 7수를 관장한다는 의미로 중앙을 상징하는 황룡의 발톱을 일곱 개로 만들지 않았을까 생각된다.

28수

- **동방칠수**: 교룡, 용, 학(貉)°, 토끼, 여우, 호랑이, 표범
- **서방칠수**: 이리, 개, 꿩, 닭, 까마귀, 원숭이, 유인원(猿)
- **남방칠수**: 안(들개), 양, 노루, 말, 사슴, 뱀, 지렁이
- **북방칠수**: 해치, 소, 박쥐, 쥐, 제비, 돼지, 유(貐)[16]

12지신

- **쥐, 소, 호랑이, 토끼, 용, 뱀, 말, 양, 원숭이, 닭, 개, 돼지**

° 《경복궁 영건일기》에 따르면 근정전에는 학(貉) 대신 낙(駱), 즉 낙타를 두었다.

동방칠수 / 12지신 사(巳)

교룡 / 뱀

근정전 정면 계단을 올라가 주작을 지나쳐 상월대 오른쪽으로 가면, 똬리를 틀고 앉아 있는 교룡을 발견할 수 있다. 《산해경》에 주석을 단 중국 동진 시대의 학자 곽박(郭璞)은 "교룡은 뱀과 같고 다리가 넷이고 작은 머리에 가는 목을 하고 있으며 목에는 흰 혹이 있는데 큰 것은 열아름 정도 되며 낳는 알은 한두 섬 크기의 옹기 모양이며 사람을 집어삼킨다"고 교룡을 묘사했다. 중국 송나라 문헌 《비아(埤雅)》 석어 편에서는 "교룡은 눈썹으로 교미하고 알을 낳는다"고 했으며, 《설문해자》에서는 "뿔 없는 용이 교룡"이라고 기록하고 있다. 춘추전국 시대의 문헌 《관자(管子)》에서는 "교룡득수"라는 말이 나온다. '교룡이 물을 얻어야 뜻을 이루듯 군주도 백성의 마음을 얻어야 뜻을 이룬다'는 의미다. 근정전의 교룡은 근정전을 지키는 역할뿐 아니라 '어진 이를 등용하여 백성의 마음을 얻으라'는 경계의 의미도 있다고 생각한다.

교룡의 몸은 유연해 꼬리를 말아 올려 먹이를 잡을 수 있다고도 한다. 근정전 교룡 역시 올챙이 같은 꼬리 끝을 야무지게 돌돌 말아 올린 채 앉아 있다. 자세히 보면 꼬리에 무언가 정체 모를 것을 품고 있는 것으로 보이는데, 먹이일 수도 있지 않을까? 가로로 넓적하게 달린 귀와 주위의 갈기가 바람에 흩날리는 것을 보면, 먹이를 잡은 뒤의 열기가 아직 가시지 않은 것 같다. 턱 밑의 몸에 새겨진 비늘 무늬는 마치 길게 자란 수염처럼 보이기도 한다.

동방칠수 / 12지신 축(丑)

낙 / 소

다른 동물 석상은 이름을 알고 나면 어느 정도 고개가 끄덕여지는데, 이 동물은 물음표를 떠올리게 한다. 교룡 아래쪽 방향으로 가면 이 동물을 만날 수 있다. 12지신으로 해석했을 때는 '소'라고 보았는데, 소처럼 생기지는 않은 듯하고, 28수를 따른다면 이 자리에는 학이 있어야 하는데 28수 분류에도 맞지 않는다. 여기서 학은 우리가 익히 아는 새, 학이 아니다. 족제빗과의 동물을 이르는 담비 학(貉) 자를 쓴다. 《경복궁 영건일기》에서는 이 동물을 '낙(駱)', 즉 낙타라고 지칭한다.[17] 실제로 그 형상을 비교해봐도 낙타와 흡사하다.

북악을 중심으로 동쪽의 청룡 자락에 있는 산 모양이 낙타 등의 모습과 같다 하여 낙타산, 타락산이라 불리며 서쪽의 인왕산과 대치하고 있다. 이 산은 오늘날 낙산이라 불리고 있다. 근정전의 낙타도 이런 풍수지리적인 이유로 동쪽에 좌정하고 있는 게 아닐까? 동방칠수의 '학'을 '낙타'로 바꾸어 설치한 것은 학이란 글자를 낙으로 잘못 봐서일 수도 있다. 하지만 일부러 학 대신 낙타를 만든 것이라면, 좌청룡에 해당하는 낙산이 너무 낮은 것을 보완하기 위한 목적도 있었을 것이다.

근정전의 낙타는 꼬리로 몸을 휘감고 앉아, 맞은편에 쌍을 이루는 동물 석상과 마주 보고 있다. 근정전 계단을 오르는 우리와 정면으로 마주치는 시야다. 등에는 두 줄의 굵은 문양이 불룩 튀어나와 있다. 그저 무늬라기에는 튀어나온 정도가 심한데, 갈기인 것 같기도 하고 낙타 등의 혹처럼 보이기도 한다.

동방칠수 / 12지신 묘(卯)

낙의 오른쪽에는 토끼가 있다. 토끼는 여러 설화에서 영민한 동물로 등장한다. 《별주부전》에서 토끼의 간은 용왕의 병을 고칠 불로장생의 영약으로 묘사된다. 토끼의 간은 정말 효험이 좋을까? 고구려 장천 1호분 고분벽화를 포함해 여러 유적과 유물에서 보름달 안의 토끼가 열심히 방아를 찧고 있는 그림이 흔히 발견된다. 토끼가 빻는 것은 떡이 아닌 불로초다. 6세기 고구려 때 만들어진 개마총 고분벽화에도 그 모습이 그려져 있다. 불로초를 먹은 토끼의 간이라니 용왕이 욕심을 낼 만하다. 달과 토끼를 함께 그리는 형식은 조선 시대 문화에도 많은 영향을 미쳤다. 지혜를 상징하는 토끼는 문(文)을 숭상하는 조선 시대 문화권에서 학, 사슴 등과 함께 즐겨 표현되었다. 다른 동물들이 최대한 근엄해 보이는 표정을 짓고 있는 것과 달리 빙긋 미소 짓는 얼굴이 인상적이다. 돌을 만져보면 질감도 마치 부들부들한 토끼털을 표현한 듯 몽실한 느낌이다.

서방칠수 / 12지신 미(未)

이리 / 양

근정전의 서쪽으로 향하면 상월대 백호 오른쪽에 턱이 갸름한 역삼각형 얼굴형으로, 귀를 쫑긋 세운 채 고개를 돌린 모습을 한 동물이 있다. 마치 누군가가 불러서 쳐다보는 순간을 포착한 것 같다. 꼬리는 웅크려 앉아 있는 다리 쪽으로 말아 감았다. 몸은 무늬 없이 만질만질한데 꼬리 끝에만 빗금무늬가 있다. 근정전의 동물을 12지신으로 해석했을 때는 '양'이라고 불렸으나 여러모로 '이리'와 좀 더 흡사한 모습이다.

《조선왕조실록》에서는 야인 즉, 여진족들을 일컬을 때 '낭자야심(狼子野心)'이라는 표현을 종종 썼다. 이리는 사람이 길들이려고 해도 본래의 야성이 있어 좀체로 길들지 않는다는 뜻으로, 신의가 없는 사람은 쉽게 교화할 수 없음을 말할 때 쓴다. 이리는 여덟아홉 마리씩 무리 지어 움직이며, 사냥감을 발견했을 때 한 마리가 공격을 주도하기 시작하면 무리가 함께 공격하는 성질이 있다고 한다. 근정전 이리는 다소곳하게 앉은 모습으로 작고 온순해 보이지만, 조선 시대 사람들은 이렇듯 이리를 무섭고 사나운 동물로 여겼다.

서방칠수 / 12지신 신(申)

원숭이

이리 아래쪽에 석상 하나가 한쪽 무릎을 세우고 앞발을 올려둔 채, 턱을 괴고 있다. 무게중심이 괸 턱에 쏠려 구부정한 자세다. 궁궐 중심부인 근정전의 동물들이라면 무릇 꼿꼿한 모습으로 궁궐을 지키고 있을 것 같은데 그렇지 않은 동물이 꽤 많다. 힘을 뺀 자세와 익살맞은 모습으로 서식 중이다. 어딘가 축 늘어져 있는 듯한 근정전 원숭이도 그중 하나! 바닥에 뭐가 떨어져 있나 내려다보는 듯한데, 유의 깊게 살펴보는 것 같진 않고, 만사가 심드렁해 보인다. 눈이 퀭한 게 오후 네 시쯤의 직장인 모습 같기도 하다. 지루하기만 한 궁궐에서 어서 빨리 재밌는 장면이 펼쳐지길 바라고 있는 걸까.

원숭이는 이국적인 동물 같지만 백제금동대향로에도 조각되어 있고, 고려 시대부터 길상과 벽사의 상징으로 그림, 백자, 연적 등 다양한 형태로 등장했다. 특히 원숭이의 한자인 '후(猴)'와 제후 '후(侯)'가 발음이 같아서 '높은 벼슬을 갖는다'라는 의미로 주로 쓰였다. 그래서일까? 고려 시대나 조선 시대에 학문을 하는 사람들이 쓰는 문방구에는 원숭이가 종종 등장한다. 고려 시대 것으로 어미 원숭이가 아기 원숭이를 안고 있는 모습을 형상화한 '청자 모자원숭이모양 연적'이 대표적이다. 그 외에도 먹물을 담는 그릇인 묵호(墨壺), 붓 꽂이인 필가(筆架)에도 원숭이 형상이 쓰였다.[18]

조선 왕실에서는 실제 원숭이를 종종 볼 수 있었다. 주로 외국에서 선물로 보내졌는데, 태조 때부터 조선 전기 무렵까지 원숭이를 선물로 받았다는 기록이 있다.[19] 태종 때는 명나라 사신 황엄에게 원숭이 수

컷 두 마리와 암컷 한 마리를 받았으며,[20] 세종은 제주목사가 잡아 길들인 여섯 마리 원숭이를 잘 기르라고 명했고,[21] 또 문종 즉위년에는 일본 관서에서 바친 토산물 중에 원숭이 두 마리가 포함되어 있음을 확인할 수 있다.[22] 조선 제9대 왕 성종은 동물을 특히 좋아했는데, 한번은 추운 겨울날 일본에서 선물로 받은 원숭이가 얼어 죽을까 봐 흙집을 지어주고, 옷을 지어 입히려다 문신 손비장이 이에 근심하여 간언한 일도 있었다.[23] 연산군 때는 일본에서 온 원숭이를 되돌려 보냈고, 임진왜란 이후에는 원숭이를 선물로 받았다는 기록이 없다.

옛사람들은 '원숭이가 있는 곳에는 말이 병들지 않는다'고 생각해서 원숭이를 더욱 좋아했다고 한다. 이동 수단이었던 말은 지금보다 더욱 귀중한 동물로 여겨졌을 테다. 중국의 농업기술서 《제민요술(齊民要術)》에 "마구간에 원숭이를 매어놓아 말로 하여금 두려움과 사악함을 없애 모든 병을 해소한다"라는 기록이 있다.[24] 여기서 말이 두려워하는 것은 쥐라고 하는데, 우연찮게도 근정전의 말과 쥐는 멀리 떨어져 있고 원숭이는 그 중간에 배치되어 있다.

서방칠수 / 12지신 유(酉)

궁궐에서 닭의 위상은 봉황과 비교될 때 자주 언급된다. 그래서 새삼 근정전에도 닭이 있다는 걸 모르는 사람이 많을 것이다. 서쪽 백호 아래쪽 월대에 있는 닭의 존재는 범접할 수 없는 근엄한 근정전을 좀 더 친근한 공간으로 느끼게끔 해준다. 예나 지금이나 닭은 사람과 친밀한 동물이었다. 닭은 《조선왕조실록》에서 백성들의 생활상을 기록할 때 자주 언급되는 동물이다. 그래서일까? 근정전의 닭을 자세히 뜯어보면, 다른 신비한 동물 석상보다 묘사가 무척 세밀한 것을 알 수 있다. 근정전 닭은 톱니 같은 볏을 두껍게 올리고 있다. 깃털 표현도 풍성하다. '흔하디흔한 동물이지만 내가 바로 조선의 닭 중의 닭이다!' 라고 온몸으로 표현하는 듯하다.

닭은 새벽에 꼬끼오! 운다. 닭의 울음소리는 귀신을 쫓는다고 하여 길조로 여겼다. 《삼국사기》에 따르면, 신라 시대 김씨 왕실의 시조인 김알지 신화에서 김알지가 강림할 때도 닭 우는 소리가 들렸다고 한다. 닭 목을 먹으면 목청이 좋아진다는 설, 닭이 감나무에 올라가면 재수가 좋다는 말도 있다. 그러나 닭이 제때 울지 않고, 초저녁 밤에 울면 불길한 징조라고 여겼다.

남방칠수
안 / 들개

근정전 정면으로 돌아와 월대를 살펴보자. 하월대의 이 동물은 '안'으로, 들개 안(犴) 자를 쓴다. 비슷한 모양의 들개 한(犴) 자를 써 '한'이라고도 한다. 그러나 이 동물 석상을 두고 들개라고 하려니 고개를 갸웃거리게 된다. 부리부리한 눈과 그 위로 굵고 둥근 눈썹, 뾰족한 송곳니의 맵시는 조선 민화 속에서 흔히 볼 수 있는 호랑이의 모습에 가깝기 때문이다. 가뜩이나 정체가 불분명한데, 현재 있는 위치마저 《경복궁 영건일기》와 다르게 배치되어 있어 혼란을 준다. 《경복궁 영건일기》에는 남쪽 계단 2층에 말이 있고, 3층에 안이 있다고 기록되어 있으나, 지금의 근정전에는 2층에 안, 3층에 말을 두고 있다.

옛날 사람들도 이 동물을 뭐라 설명해야 할지 난감해한 듯하다. 안에 대해 묘사하는 것으로 추정되는 기록을 살펴보면, 이익의 《성호사설》에서는 용생구자 가운데 넷째 폐안(狴犴)을 "일종의 개로 여우처럼 생겼으며 몸뚱이와 주둥이는 검고, 키는 일곱 자로 크며, 머리에 뿔이 달려 있다"고 말한다. 또 《산해경》에서는 체(彘)라는 동물을 설명하면서 "호랑이 같은데 꼬리는 소 같으며, 개 짖는 소리를 낸다"고 했는데,[25] 혹시 개 소리를 내는 이 '체'가 안(들개)을 말하는 것이 아닌지 추측하기도 한다. 무엇이 되었든 지킴이 역할을 하는 동물이기 때문에 사나운 맹수의 여러 요소를 조합하여 전해 내려오는 듯하다.

남방칠수 / 12지신 오(午)

앞서 소개한 낙과 비교하면 확실히 이쪽이 더 말 상이다. 근정전 정면
에서 '안'이 있는 곳 위쪽 월대에 있는 말은 몸에 비해 얼굴이 크게 조
각되어 전체적으로 '귀염상'이다. 일자로 똑 자른 앞머리 때문인지
앙증맞으면서도 새침해 보인다. 쌍을 이룬 말과 정면으로 또렷이 마
주 보며 꼬리와 다리를 정갈하게 말아 올려 좌정하고 있다.

12지신 중 일곱 번째 동물인 말은 강인하고 건강한 동물이라고 여겨
장수를 상징했다. 또 말과 관련된 여러 설화에서도 보듯 말은 주인을
향한 충성심과 용맹함, 힘을 상징하기도 하는데 가장 대표적인 것이
'말무덤 전설'이다. 임진왜란 당시 적은 숫자의 관군과 함께 앞장서
서 왜군에 대항했던 남국걸이 죽은 뒤, 그가 타고 다니던 말이 죽은 남
국걸의 의관을 물고 그의 고향 충청남도 아산시 도고면 시전리까지
헐레벌떡 뛰어왔다. 너무나 빨리 달렸던 말은 고향에 도착하자마자
지쳐 쓰러졌고, 마을 사람들이 의관을 거두어 무덤을 만들고 그 아래
에 말을 묻었다는 전설이다.

근정전 중앙으로 들어가면 해치와 안 다음으로 말이 나온다. 근정전
을 수호하는 대표주자로 딱이다. 중앙에 배치된 해치-안-말-주작은
다른 동물들에 비해 상대적으로 바싹 긴장한 듯 보인다.

북방칠수 / 12지신 자(子)

달걀형 얼굴에 단추처럼 박혀 있는 동그란 눈, 입가에는 그윽한 미소를 띤 채 답도를 오르는 우리를 지켜보고 있다. 이 동물은 근정전 가장 뒤쪽, 현무 아래 눈에 잘 띄지 않는 곳에 자리 잡은 쥐다. 12지신에서 쥐는 첫 번째 동물로, 시간으로는 23시에서 1시이며 '시작'과 '새로운 출발'을 의미한다.

쥐는 작은 몸으로 영리하고 기민하게 움직이는 동물이다. 예나 지금이나 민가에 쥐가 나타나면 더럽고 농작물에 피해를 준다고 생각했지만, 그림과 장식으로 쓰였을 때는 그 의미가 완전히 달랐다. 쥐의 뛰어난 번식력 때문에 다산과 풍요, 지혜로움을 상징하는 길상 동물로 여겼다. 또 쥐를 예지력 있는 동물로 보기도 했는데, 《삼국유사》에는 이와 관련된 신묘한 일화가 소개되어 있다. 신라 제21대 비처왕 때, 쥐가 사람 말로 "이 까마귀가 가는 곳을 찾아가보시오"라고 하여 가봤더니 돼지 두 마리가 싸우고 있었다. 그곳에서 어떤 늙은이의 예언을 듣고, 죽을 위기에 처한 왕을 구한 일이 있었다고 한다.[26] 불길한 미래를 미리 알아챈 쥐의 예지력이 드러나는 이야기다.

으르렁, 악귀 막는

근정전에는 이런 모양의 법수(法獸)가 여덟 마리 자리하고 있다. 상월대, 하월대의 각 귀퉁이에 있어 근정전 장식의 통일감을 준다. 다채로운 동물들이 둘러싼 근정전을 하나의 작품으로 보이게 하는 가두리 역할을 한다. 경복궁에 사는 해치들과 비슷한 얼굴인데 눈, 코, 입 이목구비가 다 큼직하다. 두둑한 머리 장식 때문에 상대적으로 눈매는 푹 꺼져 보이지만, 커다란 눈알만은 앞으로 툭 튀어나와 있다. 날카로운 이를 한껏 드러내며 위협적인 모습이다. 근정전의 다른 동물에 비해 표정이 무척 사납다. 악귀가 근정전 근처에서 서성이다가도 도망갈 상이다.

이 법수를 해치라고 보는 사람들도 있지만, 《경복궁 영건일기》에서는 다음과 같이 설명한다. "근정전 상하 월대에는 박석을 깔고, 상하의 네 귀퉁이에 쌍법수석을 각각 1좌씩 둔다.[혹은 이문이라 하는데 제□권 광화문에 보인다.]"²⁷ '이문'은 중국 전설에 등장하는 동물로 앞서 말한 용생구자, 즉 용의 아홉 자식 중 둘째다. 용마다 성격이 다른데, 둘째인 이문은 높은 곳에서 먼 곳을 바라보는 것을 좋아하고 불을 끄는 데 탁월한 능력이 있다고 전해진다.

다정한 가족

쌍법수

근정전 상월대와 하월대 앞쪽에는 쌍을 이룬 법수들이 있다. 짝이 있는 쌍법수의 표정은 앞서 살펴본 법수에 비해 한층 온화하다. 좁은 자리에 사이좋게 붙어 있다. 어? 그런데 자세히 보면 법수가 두 마리가 아니라 세 마리다. 한 법수의 옆구리에 아기 법수 한 마리가 매달려 있다. 혼자 있는 다른 동물들을 볼 때와 달리 쌍법수 가족상은 그 앞에 서서 이야기를 상상하게 만든다.

옛날 사람들도 비슷한 생각이었던 듯하다. 조선 정조 때의 실학자 유득공은 1770년 음력 3월, 이덕무, 박지원과 함께 불에 탄 경복궁을 포함해 한양 도성을 유람한 뒤 수필 〈춘성유기〉를 쓴다. 여기에서 유득공은 이 동물 석상에 대해 다음과 같이 설명한다. "근정전 동쪽과 서쪽 양 모서리에 석견 암수가 있는데, 암놈은 새끼를 안고 있다. 신승 무학이 말하기를, '남쪽의 왜구를 향해서 짖는 것이고, 개가 늙으면 자식이 이어서 짖는다'고 했다. 그렇다면 임진왜란의 병화를 막지 못한 것이 석견의 죄란 말인가. 웃자고 하는 이야기니 믿을 필요까진 없다"라는 기록이다.[28]

근정전의 쌍법수를 보니 새끼 사자가 어미 사자의 품에 파고드는 비슷한 도상의 모자(母子) 사자상도 떠오른다. 모자 사자상에는 관운형통의 의미가 담겨 있다. 어미 사자와 새끼 사자를 태사(太獅)와 소사(少獅)라고 하는데, 주나라 때 으뜸 벼슬인 태사, 소사와 발음이 비슷해서 이러한 길상의 의미를 담게 되었다고 한다.[29] 백제금동대향로에도 어미 젖을 물고 있는 새끼를 품은 사자가 조각되어 있다. 예로부터 사자 가족 형태를 길상으로 여겼던 듯하다.

근정전 쌍법수상은 어느 각도에서 봐도 재미있다. 특히 월대 위에 올라가 아래를 내려다봤을 때 보이는 뒷모습이 귀엽다. 고개 돌린 쌍법수들과 눈이 마주치게 되는데, 누가 봐도 다정한 한 쌍처럼 보인다.

사자를 닮은 용

근정전 월대를 거닐다 보면 크고 둥근 모양의 향로를 발견할 수 있다. 정(鼎)이라고 불리기도 하는 이것은 중요한 의식과 제례가 있을 때 사용한 것인데, 여기에도 잘 보면 동물이 있으니 한번 찾아보자. 둥근 몸체를 받치고 있는 짤막한 세 개의 다리마다 짐승처럼 생긴 얼굴이 있다. 짐승의 얼굴을 본뜬 다리라고 해서 수면족(獸面足)이라고 한다. 이 수면족의 정체는 '산예'라고 하는데, 산예의 형상은 사자를 닮았으며 불과 연기를 좋아하는 전설상의 동물이다. 용이 낳은 아홉 자식인 용생구자 중 여덟째이기도 하다. 그 특성 탓인지 주로 향로 장식으로 쓰인다. 산예의 머리 위로 파도가 휘몰아치고 있으며, 향로 몸체 상단 부분에는 연꽃무늬가 새겨져 있다.

근정전의 향로를 위에서 내려다보면 안쪽 테두리에 팔괘가 투각되어 있다. 팔괘는 자연계 구성의 기본이 되는 하늘(건괘, ☰), 땅(곤괘, ☷), 못(태괘, ☱), 불(이괘, ☲), 번개(진괘, ☳), 바람(손괘, ☴), 물(감괘, ☵), 산(간괘, ☶)을 상징한다. 하늘과 땅 삼라만상의 이치를 두루 살피는 임금이 되라는 의미가 담겨 있다.

하늘 높이 뻗은 꼬리

근정전 지붕을 올려다보면 용마루 양쪽 끝에 취두가 있다. 근정전은 취두 모양도 몹시 화려하다. 용의 꼬리가 하늘을 향해 솟구치고 있다. 지붕 기와의 곡선이 바깥으로 뻗어 나간다면, 근정전 취두의 용 꼬리는 하늘로 솟아 있어, 건물의 존재감을 더욱 확장한다. 지붕 위 높은 곳에 있어서 그 존재감을 쉽게 느낄 수는 없지만, 조선 시대에는 꽤 주의 깊게 취두를 살폈던 것 같다. 《조선왕조실록》에 "까치가 근정전 취두에 깃들었다"[30], "부엉이가 근정전 취두에서 울었다"[31]라는 소소한 기록이 있다. 1433년 세종이 비 때문에 무너진 근정전 취두를 고치는 건으로 신하와 논의했던 기록도 있다. 세종은 비용이 많이 들까 염려하여 청기와 대신 값싼 아련와(牙鍊瓦)를 구워 덮을까 고민하며, 어떻게 하면 비가 새어 무너질 염려가 없을지 더 정밀하게 만들 방법을 물었고, 이에 신하들은 대책을 마련했다.[32]

광화문 취두의 설명에서도 말했듯이 취두의 역할은 기와의 흘러내림을 방지하고 빗물이 새 들어가지 않게 하는 데 있다.[33] 이에 더해 《조선왕조실록》을 보면 취두는 생각보다 더 까다롭게 관리되었으며, 실용적인 요소가 고려된 장식이었음을 알 수 있다.

| 근정전 전체 동물 석상 배치도 |

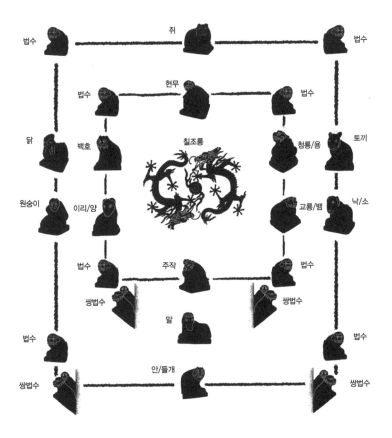

법수 　　　　쥐　　　　 법수

법수　　현무　　법수

닭　백호　　칠조룡　　청룡/용　토끼

원숭이　이리/양　　　　교룡/뱀　낙/소

법수　주작　법수

쌍법수　　말　　쌍법수

법수　　　　　　　　　법수

쌍법수　　안/들개　　쌍법수

싸정전
思政殿

: 백성에 대해 늘 깊이 생각하라

천하의 이치는 생각하면 얻을 수 있고 생각하지 아니하면 잃어버리는 법입니다. 대개 임금은 한 몸으로써 높은 자리에 계시오나, 만인(萬人)의 백성은 슬기롭고 어리석고 어질고 불초(不肖)함이 섞여 있고, 만사(萬事)의 번다함은 옳고 그르고 이롭고 해됨이 섞여 있어서, 백성의 임금이 된 이가 만일에 깊이 생각하고 세밀하게 살피지 않으면, 어찌 일의 마땅함과 부당함을 구처(區處)하겠으며, 사람의 착하고 착하지 못함을 알아서 등용할 수 있겠습니까?

–《태조실록》8권, 태조 4년 10월 7일 정유 2번째기사

근정전을 한 바퀴 돌았으니 사정전으로 향해볼까. 근정전이 왕실의 중요한 의례와 행사를 진행하는 공간이라면, 사정전은 왕이 신하들을 만나 국정 운영을 하던 편전이었다. 세종 때부터는 학문과 정책에 관해 토론하는 경연장으로도 활용되었다. 정도전은 임금에게 백성에 대해 늘 깊이 생각하라는 의미를 담아 사정전이라 이름 지어 올렸다. 고대 중국의 유교 경전《서경》의 '생각하면 슬기롭고 슬기로우면 성인이 된다'라는 구절에서 그 의미를 따왔다. 만 가지 일이 집중되는 곳, 정사를 지휘하는 곳이니만큼 임금은 항상 생각해야 한다는 깊은 의미가 담겨 있다.

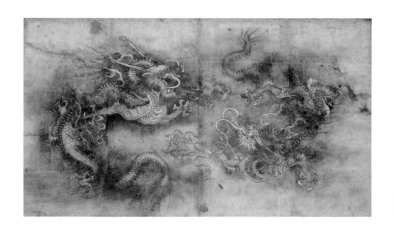

사정전에 들어서면, 일월오봉도 병풍 앞 어좌 위로 여의주를 두고 노니는 용 두 마리가 그려진 커다란 그림을 마주하게 된다. 가로 477센티미터에 세로 287센티미터의 대형 부벽화로, 종이에 그려 벽에다 붙인 것이다. 육안으로 보기에 흐릿하지만 한 마리는 하늘에서 아래로 내려오는 듯하고, 다른 한 마리는 승천하는 듯한 모습임을 알 수 있다. 가운데 있는 여의주는 구름에 가려져 보일락 말락 하며 신비로움을 자아낸다. 두 마리의 용이 여의주를 희롱하는 '쌍룡희주'와 승천

여의주를 희롱하는

쌍룡

하는 용과 하강하는 용의 '승강룡' 구도는 중국과 조선 왕실에서 제왕의 상징으로 자주 그려졌다. 왕을 상징하는 용을 어좌 뒤로 크게 그려붙인 건 그 위엄을 보여주기 위함이다.

실제 부벽화는 국립고궁박물관에 소장되어 있고, 현재 경복궁 사정전에 걸린 그림은 사진을 촬영해 복제한 영인본(影印本)이다(특별 전시가 있을 때는 떼어놓기도 한다). 여러모로 사정전 쌍룡도의 화풍은 다른 궁궐 장식과 결이 사뭇 달라 더욱 눈에 띈다. 화려한 색채 대신 먹을 사용했으며, 용이 노니는 구름도 그 모양을 그리지 않고, 먹의 농담으로 표현했다. 이런 화풍은 일본에서 유행하던 운룡도(雲龍圖)와 흡사하다고 한다. 실제 사정전 쌍룡도 부벽화는 왕실의 품격에 맞지 않는다는 이유로 2000년에 떼어졌다. 아마도 1915년 일제가 강제병합을 기념해 개최한 박람회인 조선물산공진회 때 사정전을 개조하면서 원본이 떼어졌고, 이후 일본인이 새로 그린 것이라는 추측[34] 때문이 아닐까 싶다. 경복궁은 그간 외세의 침입 등 여러 고초를 겪으면서 많은 곳이 훼손되었다. 그러나 그런 불확실함까지도 경복궁의 특징이자 역사의 증거라고 할 수 있다. 예측하지 못했던 세월의 변화 속에서 무엇을 집중하여 보느냐가 우리의 역할이지 않을까.

강녕전
康寧殿

:마음을 바르게 하고 덕을 닦으라

마음을 바루고 덕을 닦는다는 것은 여러 사람이 함께 보는 곳에 있는 것이며, 역시 애써야 되는 것입니다. 한가하고 편안하게 혼자 거처할 때에는 너무 안일(安逸)한 데에 지나쳐, 경계하는 마음이 번번이 게으른 데에 이를 것입니다. 마음이 바르지 못한 바가 있고 덕이 닦이지 못한 바가 있으면, 황극이 세워지지 않고 오복이 이지러질 것입니다.

-《태조실록》8권, 태조 4년 10월 7일 정유 2번째기사

《서경》에서는 정치 도덕의 아홉 가지 큰 규범인 홍범구주를 다룬다. 홍범구주의 마지막 아홉 번째가 오복인데, 이 다섯 가지 복은 장수(壽, 수), 부유(富, 부), 건강(康寧, 강녕), 덕을 좋아함(攸好德, 유호덕), 편안한 죽음(考終命, 고종명)을 말한다. 강녕전은 그중 세 번째 복인 '강녕'에서 따온 것이다. 근정전의 문은 근정문, 사정전의 문은 사정문이지만 강녕전의 문은 강녕문이 아니라 향오문(嚮五門)이다. 이 문 이름 역시 《서경》의 오복을 누리라는 향용오복(嚮用五福)에서 따온 것이다. 정도전은 이 오복은 오로지 백성들이 누려야 하는 것이며, 그러기 위해서는 먼저 왕이 항상 '마음을 바르게 하고 덕을 닦아야 한다'고 강조했다. 강녕전의 이름을 지은 정도전은 여러 사람이 다 보는 앞에서는 마음을 바르게 하고 덕을 닦는 것이 어렵지 않지만, 혼자 있을 때는 쉽게 안일해지고 게을러지며 그리하여 오복이 어그러질 것을 경계했다.

강녕전은 왕의 침전 공간이지만 잠만 잔 곳은 아니었다. 근정전과 사정전처럼 격식 있는 논의는 아니더라도 왕이 신하들을 따로 불러 의견을 구하거나 소규모 연회를 종종 벌이기도 했다.

용문에 오르다

잉어

이번엔 지붕을 봐볼까. 강녕전의 토수 모양은 잉어다. 근정전의 용 모양 토수처럼 머리를 하늘로 치켜들고 있다. 전체적인 지붕의 맵시는 근정전과 비슷하여 통일감을 주지만 여기는 토수가 잉어여서 다른 그림 찾기 하는 재미를 더한다.

잉어 문양은 입신, 출세, 효행, 자손의 번창, 부부의 금슬을 상징한다. 우리는 일상에서 누군가 크게 출세했을 때 '등용문(登龍門)'이라는 표현을 흔히 쓴다. 그런데 이 말은 잉어와 관련이 있다. 등용문의 한자를 풀이하면 '용문(龍門)에 오른다'가 된다. 중국 전설에 따르면 황하강 상류에는 용문 협곡이 있는데, 그 협곡 아래에 많은 잉어가 서식하고 있었다고 한다. 그 잉어들에게 폭포를 오르는 일은 불가능에 가까운 어려운 일이었다. 그중 거센 물살을 헤치고 폭포 꼭대기에 올라선 잉어만이 용으로 변했다고 전해진다. 강녕전 토수처럼 물 위로 힘차게 솟아오르는 잉어 문양에는 용이 될 상, 출세의 의미가 담겨 있다. 또 임금과 신하의 관계를 물과 물고기처럼 서로 떨어질 수 없는 사이인 수어지교(水魚之交)에 비유하기도 했다. 창덕궁 후원에 있는 주합루의 문 이름도 '어수문(魚水門)'이다. 강녕전 토수 모양이 잉어인 데는 이러한 의미도 담겨 있는 게 아닐까.

교태전
交泰殿

: 하늘과 땅의 기운이 조화롭게 화합한다

임금이 좌의정 신숙주를 교태전에서 인견하고 북정할 것을 의논하여 정(定)하고, 또 영의정 강맹경 · 병조 판서 한명회 · 이조 판서 구치관 · 승지 이극감을 불러서 정토(征討)할 대책을 정하는 데 참여하게 하였다.

-《세조실록》19권, 세조 6년 3월 22일 기해 2번째기사

강녕전과 한 쌍을 이루는 교태전은 궁궐 깊숙한 곳에 자리한다. 교태전은 왕비의 공간이지만, 세조가 신숙주를 교태전에서 긴밀히 만나 의논하여 북방 정벌을 결정했다는 기록이 남아 있다. 왕이 이곳으로 신하를 불러 논의했다는 것은 그만큼 은밀히 이야기를 나눴다는 의미다. 교태전의 이름은 《주역》의 64괘 중 열한 번째인 태괘(泰卦)에서 비롯되었다. 태괘는 양과 하늘을 상징하는 건괘(☰)가 아래에, 음과 땅을 상징하는 곤괘(☷)가 위에 있는 정반대의 상태를 나타낸다. 아래에 있는 하늘은 위로 올라가려 하고, 위에 있는 땅은 밑으로 내려오려하는 모습을 표현한 괘로, 하늘과 땅이 서로 소통하여 조화를 이룬 모습을 담고 있다. 왕은 하늘이고 왕비는 땅이었으니, 서로 조화롭게 화합해야 2세가 태어나고 태평성대가 온다는 의미다. 교태전은 세종 때 지어졌는데, 처음 이곳에서 지낸 왕비는 소헌왕후였다. 세종은 원래 왕위를 이을 적장자가 아니었다. 그의 부인인 소헌왕후 역시 대군 부인에서 세자빈이 되었다가 어느새 왕비까지 되었다. 당연히 그는 자신이 교태전의 첫 주인이 되리라고는 예상하지 못했을 것이다.

교태전까지 들어가 보면, 이곳에 머물면서 궁 밖으로 나가는 일이 쉽지 않았으리란 생각이 든다. 바깥출입이 자유롭지 못했던 왕비를 배려해서인지 교태전 한편에는 왕비를 위한 정원이 조성되어 있다. 각종 식물과 아름다운 부조물들이 조화롭게 어우러져 있다. 교태전 후원에도 다양한 동물이 서식 중이니 숨은그림찾기 하듯 찾아보자!

왕비의 정원

아미사 굴뚝 부조

정작 교태전의 주인인 왕비가 이곳에서 무엇을 했는지는 《조선왕조실록》에서 찾아볼 수 없다. 문득 이곳에 머물던 왕비는 하루에 몇 보정도 걸을 수 있었을까 떠올려본다. 경복궁 교태전의 후원은 산책을할 수 있는 정원이 아니다. 그저 교태전 건물 뒤편에 서 있기만 해도한눈에 들어오는 아담한 정원이다. 몸을 숙여 식물을 관찰할 필요도없다. 다소곳이 서서 바라보기만 하면 되도록 단을 높여 비탈진 언덕위에 조성해놓았기 때문이다.

교태전의 작은 정원은 '아미산'이라고 불린다. 그런데 교태전 후원과관련하여 아미산이라는 명칭을 기록에서 찾아볼 수 없다. 정작 《경복궁 영건일기》에는 '아미사(峨眉砂)'라고 되어 있다.[35] 여기에서 사(砂)는 모래언덕처럼 부드럽고 낮은 산을 의미한다. 아마도 교태전의아미사는 나중에 중국의 아미산을 따라 잘못 불려지게 된 이름 같다.아미(蛾眉)는 누에나방의 눈썹처럼 나지막하고 아름다운 모습을 말하는데, 그래서 낮고 아름다운 산들을 아미산이라 불렀다고도 전해진다. 경회루를 만든 태종이 경회루 연못을 만들기 위해 파낸 흙을 버리지 말고 아미사에 쌓으라고 했다는 속설도 있는데, 《승정원일기》

에는 아미사가 인공적으로 만든 산인 줄 알았으나, 자연적으로 만들어진 것이었다는 기록이 있다.[36] 함부로 깎으면 풍수지리상 화를 당할 위험이 있으니 그대로 두어서 이러한 모습이 된 것이다. 아미사에는 육각형 형태의 굴뚝 네 개가 있고, 면마다 다양한 동식물이 새겨져 있다. 굴뚝 중앙에 국화, 소나무, 대나무, 매화 등의 식물 문양이, 식물 면 위아래로는 동물 문양이 새겨져 있는데, 같은 문양의 육각형 굴뚝이 여럿 있다. 육각형으로 굴뚝을 만든 데는 화재 방지의 의미를 담은 것으로 보인다. '6'은 물을 상징하는 숫자이기 때문이다.

자, 그렇다면 이제부터 주황 벽돌들 사이에 액자처럼 새겨져 있는 동물들의 정체를 하나씩 살펴볼까.

귀신의 얼굴

귀면

아미사 굴뚝 상단을 보면, 기묘하고 유머러스한 생김새의 동물 얼굴이 부조되어 있다. 머리 위로 두 개의 뿔이 뻗쳐 있고, 주변에 북슬북슬한 갈기가 굵게 자랐다. 돼지코와 솟구친 눈썹, 촘촘한 윗니를 드러내며 우리를 정면으로 쳐다보고 있다. 귀신처럼 무섭게 생기진 않았으나 얼굴 곳곳에 필요 이상으로 북실한 갈기와 얼굴에 붙은 두 발 때문인지 기세가 있어 보인다. 언뜻 근정전 월대 앞 향로 수면족에 있던 산예와도 닮은 듯하다. 귀면 문양은 궁궐의 석교나 왕릉에서 종종 발견되는데, 외부의 침입을 막고자 하는 염원을 담아 새겨졌다. 유물마다 표현된 귀면의 모양은 조금씩 다르나 창덕궁에서도 아미사 귀면 장식과 흡사한 모양의 귀면을 찾아볼 수 있다. 창덕궁 금천교를 보면 두 개의 홍예 사이를 떠받치고 있는 벽에 귀면이 장식되어 있는데, 아미사 굴뚝 귀면 모양과 똑 닮았다. 얼마나 닮았는지는 창덕궁에서 확인해보시라!

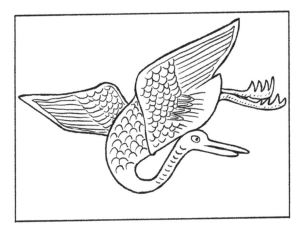

오래 살기를 기원하는

학은 육지 생활을 하는 동물로, 긴 다리와 물을 마시기 위한 긴 부리를 가졌다. 예로부터 학은 깨끗하고 고고한 자태를 하고 있어 선비와 군자의 상징으로 쓰였다. 십장생 가운데 하나로 장수를 상징하기도 한다. 장수와 지조를 뜻하는 대나무, 소나무와 짝을 이루어 문인화의 단골 소재로 그려지곤 했다. 문관이 입었던 관복의 가슴과 등에도 백학이 수놓아져 있다. 옛사람들은 학 앞에 신선 선(仙) 자를 붙여 선학이라 부르며 신령한 의미를 강조했다. 불로불사의 신선을 태우고 다니므로 선학도 불사조 같은 새라고 믿었다. 실제로도 학의 수명은 평균 30~50년 정도로 오래 산다. 아미사에 그려진 학의 자태는 꽤 역동적이다. 비행을 하다가 아름다운 아미사 굴뚝을 보고 내려앉으려던 찰나를 캔버스에 고스란히 담은 것 같다.

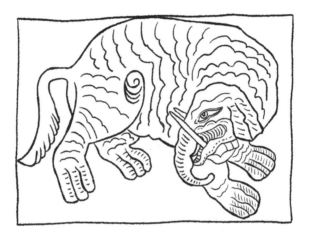

생김새가 불가사의
불가사리

불가사리는 여러 동물의 모습이 혼합된, 악귀를 물리치는 상상의 동물이다. 1961년 이희승이 쓴 《국어대사전》에서는 불가사리를 "곰의 몸에 코끼리의 코, 무소의 눈, 바늘 털, 범의 꼬리를 지녔다"라고 설명한다. 아미사 굴뚝의 불가사리는 고개를 뒤로 돌린 채 으르렁대는 모습을 하고 있다. 사방에 어떤 악귀가 있더라도 기세 좋게 막아낼 것처럼 듬직하다. 16세기 조선의 문신 권문해가 지은 백과사전 《대동운부군옥(大東韻府群玉)》에서는 불가사리의 생김새를 "곰 같으며 악몽과 요사한 기운을 물리친다"라고 기록했는데, 당시 화재를 예방해주는 존재로 여겨 병풍과 굴뚝에 그려 넣었다.

언뜻 불가사리라는 이름을 들었을 때 바다에 사는 불가사리를 떠올릴 수 있다. 그러나 여기서 말하는 불가사리는 불가살이(不可殺伊), 즉 '절대 죽일 수 없는 동물'을 의미한다.

전해 내려오는 민담에 따르면, 고려 후기 나라에서 중을 잡아들이라는 명령이 떨어졌다. 중들은 잡히지 않기 위해 이리저리 도망 다녔다. 그때 어느 중이 누이에게 자신을 숨겨달라고 부탁했고, 벽장에 숨어서 밥을 얻어 먹던 중은 밥풀로 이상한 모양의 무언가를 만들기 시작했다. 그러던 어느 날 누이는 남편에게 오라버니를 고발하여 포상금을 받자고 한다. 그 말을 듣고 화가 난 남편은 아내를 죽이고 중을 풀어주었다. 그러자 중이 밥풀로 만들었던 괴상한 동물이 집 안을 돌면서 각종 쇠붙이를 집어 먹고 몸집을 불리더니 온 나라를 돌아다니며 모든 쇠붙이를 먹어 치우는 바람에 그 피해가 극심했다. 괴물을 저지

하고자 온갖 방법을 써봤지만, 소용이 없었다. 불을 질러 보았으나 불에 넣어도 타지 않고 오히려 불덩이가 된 몸으로 곳곳을 불바다로 만들었다. 이러하여 죽이려야 죽일 수 없다고 해 불가살이라는 이름이 붙었다는 것이다. '불가사리 쇠 집어 먹듯 한다'라는 옛 속담이 있는데 마구잡이로 일을 저질러 감당할 수 없는 사람에게 쓰는 말이다.

맹수의 품위

몸통에 동그란 돌기가 돋아 있는 이 동물은 표범이다. 꼬리를 동그랗게 말고 있으며, 불가사리와 학처럼 뒤를 돌아보고 있다. 조선 후기의 문신 이만영이 쓴 백과사전《재물보(才物譜)》에서는 "모양이 호랑이와 같고 작은 둥근 무늬가 있다. 그중 검은 무늬가 둥근 돈과 같은 표범을 금전표(金錢豹), 쑥잎 무늬는 애엽표(艾葉豹), 무늬가 없는 것을 토표(土豹)"라고 설명한다. 이 책을 근거로 한다면, 아미사 굴뚝 표범은 금전표인 것으로 보인다. 우리가 익히 아는 일반적인 표범 무늬다. 표범 문양은 문인의 명예와 벽사의 의미를 담아 병풍으로 흔히 제작되었다. 조선 시대 왕실의 의례를 기록한 의궤를 보면 표범 가죽을 군사와 방어의 의미로 사용한 예를 많이 발견할 수 있다.《조선왕조실록》에서도 왕이 사신이나 신하에게 표범 가죽을 하사한 기록이 다수 발견된다. 그 수량이 대개 한두 장인 것으로 보아 무척 귀했음을 알 수 있다. 그 때문에 세종은 "표피(豹皮)는 구하기 어려운 물건인데, 각도 감사와 절제사는 삼대 조회(三大朝會)의 옛 예(例)를 따라 반드시 진상하고자 하여, 값을 갑절로 주고 구하므로 폐가 백성에게까지 미친다. 이 뒤에는 삼대 조회와 모든 하례 때에 아울러 진상하지 말라"는 왕지를 내리기도 했다.[37] 표범은 왕실에서 보호와 방어를 상징하는 동물로 아미사 굴뚝의 다른 동물들처럼 사악함을 물리친다는 의미로 쓰였다.

복을 불러오는
박쥐

서양 문화권에서는 박쥐를 어둡고 부정적인 이미지로 그리곤 한다. 그러나 한자 기반의 동양 문화권에서는 박쥐 복(蝠) 자와 행운을 뜻하는 복(福) 자가 음이 같아 박쥐는 곧 복을 상징했다. 박쥐는 한자로 편복(蝙蝠)이라 쓴다. 특히 다섯 마리의 박쥐는 오복을 상징하는 것으로 안경, 담배합, 신선로 같은 일상 용품부터 의복, 장신구, 가구 장식 등으로도 즐겨 사용되었다.

그래서일까? 아미사 굴뚝 박쥐는 외국 영화 속에서 자주 보던 음침한 이미지와는 사뭇 다르다. 마치 나비처럼 날개를 유려하게 펼친 아름다운 모습으로 부조되어 있다. 날개를 펼친 모양이 태극 무늬를 떠올리게 한다. 덕수궁에 가보면 서양식 정자인 정관헌 금속 난간에서도 박쥐를 발견할 수 있다. 러시아인이 설계한 이국적인 건물에 황금색의 박쥐 장식이 오묘함을 자아낸다. 파주 국립민속박물관에 가면 코받침을 박쥐 모양으로 장식한 안경을 만날 수 있다. 안경 디자인이 지금 나온다면 당장 사고 싶을 정도로 매력적이다.

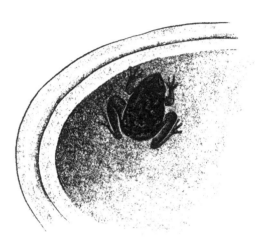

불로초 훔쳐 먹은

두꺼비

아미사에는 화려한 굴뚝 사이로 아름다운 꽃나무, 기묘해 보이는 괴석 등이 함께 어우러져 놓여 있다. 이 계단식 꽃밭의 중간에는 절구 모양처럼 돌을 파서 만든 연못, 함월지(涵月池)와 낙하담(落霞潭)이 있다. 서쪽에 있는 함월지는 '달을 머금은 연못'이라는 뜻이고, 동쪽의 낙하담은 '노을이 내려앉는 연못'이라는 뜻이다. 그 아랫단에는 연잎을 새긴 돌 연못, 석련지(石蓮池)가 있는데 그 안쪽을 보면 무언가 돌기처럼 군데군데 솟아난 게 보인다. 다름 아닌 두꺼비다. 옛날 고분 벽화나 유물을 보면 달 안에서 방아 찧는 토끼 옆에 대개 두꺼비가 함께 있다. 토끼가 절구에 빻고 있는 것은 불로초이고, 두꺼비는 그 불로초를 훔쳐 먹기 위해 호시탐탐 노리는 모습으로 묘사된다. 이와 관련된 중국 전설이 있다. 항아분월(嫦娥奔月)이란 이름으로 널리 알려진 이 전설에서 군신이자 명궁이었던 후예와 그의 아내이자 달의 신이었던 항아는 하늘에서 쫓겨나 인간이 된다. 항아가 다시 신이 되기를 원했기에 남편 후예는 곤륜산의 서왕모에게 3000년에 한 번 꽃피우고, 3000년에 한 번 열매를 맺는 불사나무 열매로 3000년이 걸려 만든 불사약을 받아 온다. 불사약은 둘이 함께 먹으면 불로장생하고, 혼자 먹으면 신선이 되어 하늘로 올라갈 수 있는데, 항아는 남편 몰래 이 불사약을 가지고 달로 도망간다. 그 때문에 달두꺼비로 변했다는 전설이다.

결국 훔쳐 먹은 게 사실인지 두꺼비는 장수와 영원한 생명을 상징하게 되었다. 이 두꺼비는 아미사 석련지 안쪽에 숨어 몰래 불사약을 먹고 있던 걸까? 아니면 토끼가 빻는 절구의 불로초를 먹으려고 안으로 뛰어들고 있었던 걸까? 아미사에 숨어 있는 두꺼비를 발견하고, 이 이야기들을 떠올리니 더욱 신비롭게 다가온다. 지금은 아크릴 뚜껑으로 닫혀 있어 그 빛을 담지 못하지만, 오래전 물이 담긴 석련지에 달이 떠올랐을 모습을 상상해본다. 월궁이 된 석련지와 불사약을 먹은 달두꺼비에 달빛이 비친 모습을 보며 왕비는 어떤 감상에 빠졌을까. 이야기들을 떠올리니 작은 아미사 정원이 드넓은 신선 세계같이 느껴진다. 물론 지금은 두꺼비가 있다고 말해주지 않으면 발견하기 어렵지만 말이다.

함원전

含元殿

:원기를 간직한다

함원전에 사리 분신의 기이함이 있었다 하여 백관(百官)이 진하(陳賀)하니, 명하여 사죄(死罪)의 도적과 남형(濫刑)한 관리와 강상(綱常)에 관계된 것을 제외(除外)하고는 아울러 용서하게 하였다.

-《세조실록》46권, 세조 14년 5월 14일 계유 1번째기사

조선이 유교 국가라고는 하지만 경복궁에는 불교 행사가 이루어지는 공간이 있었다. 교태전 서쪽에 있는 함원전은 세종 때 세워졌는데, '원기를 간직한다'는 의미다. 함원전에 대한 기록을 살펴보면 법회를 베풀었다든지, 사리 분신(舍利分身)과 불사 등이 있었다는 일화가 남아 있다. 사리 분신이란 부처나 수행이 높은 스님이 열반에 든 뒤 화장을 하면 몸에서 구슬 모양의 단단한 유골인 사리가 나오는데, 이 사리의 개수가 저절로 불어나는 것을 말한다. 즉 상서로운 현상을 뜻한다. 이 함원전에 왕이 머문 적도 있다. 조선 시대 비운의 왕으로 손꼽히는 단종이 이곳에 거처한 적이 있다. 1453년 음력 10월 10일 수양대군을 필두로 한 계유정난으로 왕위에서 쫓겨나게 된 단종은 폐위된 후 처음에는 창덕궁에 머물렀지만, 음력 10월 17일 경복궁 함원전으로 옮겨 임시로 거처했다. 그 후 영월로 유배되어 죽임을 당했다.

첫째의 무게

거북 / 비희

교태전 아미사만큼은 아니지만 함원전 뒤에도 소박한 화단이 있다. 이곳을 둘러보면 유독 화려한 석물이 하나 눈에 띈다. 여러 용이 뒤엉켜 수조의 겉면을 둘러싸고, 거북이 그 수조를 업은 모양이다. 중국 전설에 의하면 용은 각기 다른 역할을 담당하는 아홉 자식을 두었는데 이것이 용생구자다. 근정전 수면족 산예와 영제교 난간 기둥의 공복이 바로 용생구자에 속한다. 첫째부터 아홉째까지 비희, 이문, 포뢰, 폐안, 도철, 공복, 애자, 산예, 초도 순이다. 용이 아홉 마리나 있으니 당연히 복스럽고 길한 징조를 의미한다. 함원전 용생구자는 개별적인 특징을 살리는 대신 여러 용이 한데 얽힌 모양으로 조각되어 있다. 밑에 거북이 용생구자 가운데 첫째인 비희라는 견해도 있다. 비희는 생김새가 거북과 비슷하며 힘이 세서 무거운 것을 짊어지기를 좋아한다는 특성이 있다. 그래서 비석이나 조각을 등에 지고 있는 형상으로 많이 만들어졌다. 여덟 동생을 거느린 첫째가 저 무거운 수조를 들고 있다는 사실을 알게 되니 갑자기 거북의 표정이 제일 먼저 태어난 장남, 장녀의 '억울상'으로 보이는 건 착각일까.

자선당
資善堂

: 선한 품성을 기른다

동궁(東宮)을 짓기 시작하였다.

-《세종실록》37권, 세종 9년 8월 10일 을축 5번째기사

동궁은 세자가 머무는 공간이다. 해가 뜨는 동쪽에 두어서 동궁이라
고 한다. 쌍둥이처럼 닮은 자선당과 비현각 두 채의 전각이 있는 영역
을 합쳐 동궁전이라 부른다. 자선당은 세자와 세자빈이 거처하는 공
간이었고, 비현각은 세자가 학문을 닦고 정무를 살피는 공간이었다.
태조가 경복궁을 지었을 때 동궁전을 지었다는 기록이 없다. 당시 세
자는 궁궐 밖에 있는 별도의 궁에 머물렀다. 세종 때 동궁전이 경복궁
에 들어서게 되었는데 그곳이 바로 자선당이다. 세종은 세자를 가까
이에 두고 가르치고자 세자의 공간을 궁궐 안으로 옮겼다. 자선당은
세종 9년 세자였던 문종을 위해 지었다. '선한 품성을 기른다'는 의미
가 담겨 있다.

지금 우리가 보고 있는 자선당과 비현각은 1999년에 복원된 모습이
다. 자선당이 다시 세워진 데는 사연이 있다. 자선당은 1914년 일제
가 그 자리에 조선물산공진회 시설을 지으면서 해체되었고, 일본에
있는 오쿠라 기하치로(大倉喜八郎)의 자택에 이건되어 사설 미술관
으로 사용되었다. 그 건물마저 관동대지진으로 소실되어 기단석과
주초석의 석재만 남아 있었다. 그러다 1993년 문화재전문위원 김창
동 교수의 끈질긴 추적 끝에 오쿠라호텔 내의 산책로에서 이를 발견
했고, 삼성문화재단을 통해 1996년 경복궁으로 반환되었다.[38]

자선당과 비현각은 왕과 왕비가 머무는 공간에 비해 소박하여 눈에
띄는 동물 석상은 없고, 지붕 위에서는 일반적인 모양의 용두와 취두,
잡상을 볼 수 있다.

자경전
慈慶殿

: 어머니께 경사가 생기길 바라는 마음

대왕대비(신정왕후)가 이르기를, "흥선대원군의 둘째 아들 이명복으로 익종 대왕의 대통을 잇도록 정하였다."

–《고종실록》 1권, 고종 즉위년 12월 8일 경진 2번째기사

자경전은 고종 때 신정왕후를 위해 다시 세운 전각이다. 창경궁에 있는 자경전을 본떠 만든 것이다. 어머니를 높여 부르는 말인 '자친(慈親)께 경사가 생기길 바라는 마음'을 이름에 담았다. 그러나 알다시피 조선 후기에 지어진 경복궁은 고종이 세웠다고 하기에는 무리가 있다. 오히려 고종의 아버지인 흥선대원군이 자신의 입지를 공고히 하고 권위를 세우기 위해 선두에 서서 경복궁 중건을 지시했기 때문이다. 그러므로 자경전 역시 고종의 효심에서 비롯되었다기보다 흥선대원군이 자기 아들을 임금의 자리에 앉게 해준 고종의 양모 신정왕후에게 고맙다는 의미로 지었다고 볼 수 있다. 자경전은 주황빛 벽돌로 쌓아 올린 꽃담이 둘러져 있다. 담에는 매화, 천도, 모란, 석류, 대나무 등의 아름다운 식물 문양과 건강과 장수를 기원한 축원이 수놓아져 있어 건물의 우아함을 더한다. 지금 우리가 보고 있는 자경전은 1867년 새로 지어졌다가 1876년 화재로 소실된 뒤 1888년에 재건한 것이다.

십장생 굴뚝
십장생과 박쥐, 학, 불가사리, 귀면

교태전 뒤뜰에 아미사가 있다면, 자경전 뒤엔 십장생 굴뚝이 있다. 하나의 벽면에 아름다운 꽃밭을 한 폭의 병풍처럼 담았다. 십장생 문양의 화려함에 눈길을 뺏기기 십상이나 기와 위로 나란히 줄지어 있는 열 개의 연기 배출구도 그냥 지나치기엔 아쉬울 정도로 앙증맞다. 아궁이에 불을 때면 이곳으로 연기가 올라왔을 테다. 연기가 자욱이 피어오르면 벽의 십장생 무늬도 더욱 신비롭게 보이지 않았을까? 가장

자리에는 국화, 소나무, 바위, 구름, 산, 연꽃, 파도, 불로초, 포도 등 자연물의 도상이 새겨져 있고 가운데에는 동물들이 모여 자연 속을 노닐고 있다. 십장생도 측면과 위아래로는 아미사 굴뚝처럼 사각 프레임 안에 동물(박쥐, 학, 불가사리, 귀면)이 부조되어 있으며, 그 안에 표현된 동물의 도상도 흡사하다. 언뜻 보기에 똑같아 보이지만 다른 점이 있다. 숨은그림찾기 하듯 찾아보자. 정답을 밝히자면, 자경전 십장생 굴뚝의 학은 불로초를 물고 있다. 장생의 의미를 더욱 강조하여 새긴 듯하다. 자세히 보면 불로초가 버섯 모양으로 보이는데, 이것은 '영지'다. 영지는 신령한 버섯으로, 예로부터 불로초로 불리며 장수의 상징으로 쓰였다. 십장생도의 사슴도 불로초(영지)를 물고 있다.

짝 없는 신세

해치

대부분의 벽사 석상들이 쌍을 이루거나 서로 다른 동물들과 어우러져 있는 것과 달리 자경전 해치는 홀로 외따로이 앉아 있다. 자경전 대청마루 앞에 가보면 높은 난간 위에 앉은 모습을 볼 수 있다. 언뜻 보기에는 자경전 영역에서 단독으로 스포트라이트를 받는 듯하나 들여다보면 어색한 자리에 초대받아 앉아 있다는 인상을 지울 수 없다. 보통 벽사 석상은 대문 좌우에 있거나 대문으로 가는 길목 양쪽에 있다. 경복궁의 다른 벽사 석상들도 그렇고 다른 궁궐의 예를 찾아봐도 이렇게 홀로 전각 앞에 놓아둔 경우는 거의 없다. 이 해치는 아마도 다른 곳에 있다가 자경전에 자리를 잡게 된 게 아닐까? 1923년 일제가 경복궁 영추문 앞으로 전차선로를 놓았을 때 서십자각이 훼손되면서 그곳의 동물 석상이 이동되었을 거라는 추측이 있다. 현재 경복궁 동쪽에 있는 동십자각에는 일제강점기까지만 해도 계단이 있었다. 그때 찍힌 사진을 보면 계단 돌기둥 위에 자경전 해치와 비슷한 모습의 동물 석상이 있는데, 이것 역시 행방이 묘연하다.[39] 일제강점기 때 경복궁을 비롯하여 많은 유물이 본래 지키던 자리를 잃고 훼손되었고, 그때 자경전 해치도 원래 자리를 잃게 된 것으로 추측된다. 이 동물은 언제쯤 자신의 짝과 제자리를 되찾을 수 있을까.

경희루
慶會樓

: 임금과 신하가 덕으로 만난다

하늘에는 고운 햇살 훈풍이 불어오고 울창하고 울창한 아름다운 기운이 떠오며 화려하면서도 사치하지 않고 검소하면서도 남루하지 않으니 진실로 이곳이 아름다운 곳일세.

– 윤회(尹淮)의 시 중에서[40]

경복궁에서 외국인 관광객을 비롯하여 많은 사람이 근정전 다음으로 많이 찾는 곳이 경회루다. 경복궁에 왔으면 경회루를 배경으로 연못 앞에서 기념사진을 찍는 게 당연하다. 그러나 정작 경회루 건물에 발을 디뎌본 사람은 많지 않을 것이다. 경회루는 아무 때나 들어가고 싶으면 들어갈 수 있는 곳이 아니다. 한여름과 한겨울에는 개방하지 않고, 그 외 기간에도 사전 예약을 통해 소수의 관람객만 입장이 가능하다. 가끔 입소문을 탈 때는 치열한 티켓팅이 벌어지기도 한다. 예전에는 경회루 주변에 사방으로 담이 둘러 있고, 남문도 있었다고 한다. 일제강점기에 담을 허물고 남문을 없애 지금의 개방형 경회루가 된 것이다. 아무나 들어갈 수 없는 곳. 경사스러운 연회가 열리던 경회루. 인왕산 자락에 품은 물 위의 전각. 멀리서 봐도 운치가 느껴지지만, 직접 들어가 보면 상상 이상이다. 특히 후덥지근한 날에 경회루에 한번 발 디뎌보시길. 경회루가 세워진 이후로 강산이 수백 번 바뀔 정도로 세월이 흘렀지만, 그 시절 높으신 분들이 누리던 풍류가 이런 것이었구나! 단숨에 느낄 수 있다.

우리가 경회루를 관람할 때 들어가는 문은 동문이다. 동문에는 세 개의 작은 문이 있고, 연못을 건너는 조그마한 석교가 각각 이어져 있다. 앞에서부터 이견문(利見門), 함홍문(含弘門), 자시문(資始門)이다. 길목마다 다른 동물들이 자리 잡고 있다. 당연히 중앙문이 왕이 다녔던 문이라고 예상하는 사람도 있겠지만, 아니다. 왕은 동쪽 담장을 따라 걸었을 때 가장 먼저 만나게 되는 이견문을 통해 드나들었다.

유심히 보면 이견문 지붕에만 용머리 기와 장식이 있고, 석교 안쪽에도 왕의 길, 즉 어도가 구분된 것을 발견할 수 있다. 눈에 띄게 화려하진 않지만, 아는 사람은 알아볼 법한 차이랄까. 가운데 문인 함홍문은 세자를 비롯한 왕실 사람들이, 그다음에 있는 자시문은 관료들이 드나들었다. 오늘날 경회루 특별 관람은 중앙문인 함홍문으로 들어가면서 시작한다.

용의 새끼

함홍문으로 들어서면 가장 먼저 가까이 보이는 동물이 바로 '리'다. 한자로 교룡 리(螭)자를 쓴다. 한자사전에 따르면 부수로 쓰인 벌레 훼(虫) 자는 뱀이 웅크린 모양을 형상화한 것이라고 한다. 두 갈래로 갈라진 꼬리를 뱀처럼 꼬아 등 위에 얹고 웅크리고 있는 모습이 글자와 흡사하다. 교룡은 상상 속 동물로 뿔이 없는 것이 특징이다. 흔히 리는 용이 되지 못한 이무기와도 혼용하여 사용되는데, 이무기는 다소 난폭하고 부정적인 인식이 강하지만 리는 용의 새끼 혹은 암컷인 용을 의미하며 용 다음가는 동물로 인식되어 왔다. 중국에서도 용을 중앙에 두고서 좌우로 리를 배치하고 외곽에 다른 동물들을 조각한 예가 있는 것을 보면, 용만큼은 아니지만 그에 못지않게 위상이 있는 동물이었음을 짐작할 수 있다. 세자와 왕실 사람들이 다녔던 석교다 보니 리를 둔 것으로 보인다. 날카로운 송곳니 서너 개를 드러내고 있지만 그리 위협적인 인상은 아니다.

믿음과 의리

리를 지나쳐 경회루에 다다르면 '추우'라는 동물이 우리를 반긴다. 턱을 쭉 뺀 채 누구보다 신난 표정으로 주위 풍광을 즐기는 모습이다. 석교를 오가는 사람들을 향해 귀를 쫑긋 세우고 고개를 치켜들고 있다. 정면으로 눈을 마주치게 되면 서로의 얼굴을 뚫어져라 보게 되는 셈. 표정이 아주 개구져서 보고 있으면 피식 웃음이 난다. 커다란 코가 산처럼 솟아 있고 윗니를 드러낸 채 입꼬리를 씨익 올리고 있다. 가끔 석교를 오가는 손님들이 그저 반갑다는 듯 환대하는 느낌이다. 친화력과 외향성 지수가 상당히 높아 보인다. 중국 명나라 문헌 《삼재도회(三才圖會)》에는 "추우의 꼬리는 오색이고 몸보다 길이가 길며, 하루에 천 리를 간다"는 신비한 묘사가 있다.

추우도 세자와 연관이 있다. 추우는 세자가 타던 가마인 동궁연(東宮輦)에 그려 넣었던[41] 수호 동물이었다. 《시경주소(詩經注疎)》에 따르면, 흰 호랑이에 검은 무늬가 있으며, 살아 있는 생물을 먹지 않고, 믿음이 지극해야 나타나는 의리 있는 동물로 여겨졌다고 한다. 국왕이 바른 정치를 하면 나타난다고도 전해진다. 앞으로 용이 될 세자가 지극한 믿음을 바탕으로 바른 조선을 이루어가길 바라는 마음을 담은 걸까.

왕을 맞이하는

왕이 드나들던 이견문으로 들어서면 가장 먼저 용을 만날 수 있다. 경회루를 잇는 다른 다리와 달리 중앙에 어도가 구별되어 있고, 다리를 건너면 바로 경회루 2층으로 올라가는 계단이 이어진 것이 왕의 길답다. 경회루 용 석상은 영제교와 근정전에 있는 용 석상과 비슷한데 조금 더 작고 단순하게 표현되어 있다. 발 하나는 들어 올려 여의주를 꽉 쥐고 있다. 날카로운 이빨을 드러내고 있고, 턱 밑으로 수염이 길게 자랐다. 머리 위로 뿔 두 개가 돋아나 있다.

경회루에서는 연회만 열린 것이 아니다. 이곳 경회루에서 왕의 자리가 바뀌었던 일도 있다. 경회루는 단종이 세조에게 양위를 한 장소이기도 하다. 1455년 단종은 계유정난으로 정권을 장악한 수양대군을 경회루 아래로 불러 옥새를 넘기며 임금의 자리를 물려주었다.

우리가 흔히 쓰는 말인 '흥청망청'의 유래가 시작된 곳도 여기다. 폭정을 일삼다가 폐위된 연산군은 경회루 주변을 화려하게 치장하고 이곳에 흥청과 운평이라는 기생을 불러 놀았다고 한다. 백성들이 흥청이 때문에 망국이 든다며 흥청망청이라는 말을 쓰기 시작했다고 전해진다.

조선의 유니콘

기린

용을 지나 왕이 경회루에 발을 내딛기 직전에 맞이하는 동물은 기린이다. 기린은 석교 양측에서 서로를 마주 보고 있는데, 그 뒤에 경회루 모서리에도 한 마리가 더 있다. 머리 위에 긴 뿔이 자라 있고, 온몸은 비늘로 뒤덮여 있다. 가까이 다가가 보면 살짝 벌린 입안으로 촘촘한 이빨이 보인다. 발은 뭉툭한 발굽 모양을 하고 있다.

유교 경전《예기》에서는 기린을 용, 봉황, 거북과 함께 신령스러운 짐승이라 하여 사령이라 불렀다. 대개 기린은 노루의 몸통, 용의 얼굴, 소의 꼬리, 말과 비슷한 발굽과 갈기, 하나의 뿔을 갖고 있다고 전해진다. 또 성품이 온화하고 어질어 태평성대의 도래를 예고하는 길상의 동물로 인식되었다. 유교에서는 기린을 공자(孔子)에 빗대어 표현하며 덕(德)과 인(仁)의 상징으로 여겼다고 하니 이견문 석교에 왜 기린을 두었는지 짐작이 간다. 오늘날에도 이 신령스러운 기린을 특정한 사람을 일컬을 때 종종 쓴다. 바로 재주와 기예가 뛰어나서 장래가 촉망되는 사람을 뜻하는 '기린아'다.

경회루를 지나는 짧은 길목이지만 한 나라의 왕으로서 무릇 덕, 인을 갖춘 기린이 출현할 수 있도록 나라를 통치하길 바라는 마음을 석상과 함께 되새길 수 있다.

길상의 상

코끼리

관료들이 드나드는 자시문을 가까이 지키고 선 동물의 모습이 흥미롭다. 경복궁의 동물 대부분이 둥글둥글 친근한 인상인 것과 달리 이 동물은 전반적으로 뾰족하다. 날렵하게 솟은 눈매, 굵고 기다란 두 개의 뿔이 길쭉한 코 옆에 달려 있다. 석상 위에 가지런히 놓인 발가락도 뾰족하다. 얼굴에는 총탄을 맞았는지 푹 파인 상처가 남아 있다. 이 동물을 코끼리라고 주장하는 사람도 있고, 불가사리라고 말하는 사람도 있다. 코끼리는 한자로 상(象)인데, 길상과 발음이 같아 상서로운 동물로 여겨졌다. 조선 시대 왕실에서는 술을 담는 제기를 코끼리 모양으로 만들기도 했다. 불가사리라고 보는 사람들은 불을 막는 수호의 의미를 강조한다.

조선 후기의 어휘사전《물명고(物名攷)》에서는 "코끼리는 발에 발톱이 있고, 코를 아래로 땅에 드리운다. 코 속에 작은 갈퀴와 같은 살이 있어서 바늘이나 먼지를 주울 수 있다. 두 개의 이빨이 코를 끼고 있으며, 수놈의 상아는 길이가 6~7자가 된다"고 묘사한다. 경복궁의 다른 곳에서 보이는 불가사리에 비해 경회루의 코끼리는 형태가 명확한데, 코의 길이나 상아의 생김새로 보아 코끼리를 형상화한 것일 가능성이 커 보인다.

경복궁의 마스코트

해치

경복궁 어디에나 있는 해치. 경회루에도 있다. 자시문 석교뿐 아니라 경회루를 둘러싸고 몇 마리가 터를 잡고 있다. 다른 영역 해치들은 문 앞에서, 전각 앞에서 궁궐을 지킨다는 책임감이 느껴지는데 왠지 경회루 해치는 '노닐고 있다'라는 표현이 더 어울리는 듯하다. 표정도 한결 편안하고, 다른 곳보다 눈에 안 띄는 구석에 자리 잡아 누군가와 수다를 떨고 있는 것처럼 보인다. 아무리 법과 정의를 지키는 동물이라지만, 연회와 풍류를 즐기는 경회루에서만큼은 느슨해진 걸까?

자시문 석교의 해치를 지나쳐 건너와 경회루 북쪽을 바라보면 어색한 위치에 작은 정자가 하나 보인다. 하향정(荷香亭)이다. '연꽃 향기'란 뜻의 이 작은 육각형 정자는 조선 시대와는 아무런 관련이 없고 이승만 대통령이 휴식과 낚시를 즐기기 위해 지은 것이라 알려져 있다. 이 작은 정자가 우리에게 유명해진 것은 1997년 바로 하향정 앞 연못 속에서 놀라운 것이 발견되었기 때문이다.

연못에 아른거리는

청동용

경회루 연못에는 세 개의 섬이 있다. 가장 큰 섬에 경회루가 있고, 다른 두 섬은 크기가 작아 나무들만 심기어 있다. 중국 전설에서 신선이 산다고 전해지는 봉래산, 방장산, 영주산 3산을 모방한 것으로 보인다. 경회루 연못은 잎을 늘어뜨린 아름드리 능수버들로 둘러싸여 한 폭의 그림 같은 풍경을 만들어낸다. 경회루의 이름을 지을 때 '경회' 말고 다양한 후보가 있었다고 한다. 납량(서늘함을 들이다), 승운(구름을 타다), 과학(학을 타고 건너다), 소선(신선을 부르다), 척진(먼지를 씻다), 기룡(용을 타다) 등이 그것이다. 어떤 이름이 되었든 신선이 노니는 곳을 만들고자 했다는 것을 알 수 있다.

예전의 경회루는 지금보다 용이 더 많이 살았다. 무려 그 수가 48마리였는데, 용들은 경회루를 받치고 있는 48개의 돌기둥 각각에 새겨져 있었다고 한다. 그러나 흥선대원군이 경복궁을 중건할 때 돌기둥에 용을 조각하지 않아서 아쉽게도 지금은 볼 수 없다. 매끈한 돌기둥을 보며 용으로 화려하게 조각되었을 과거의 모습을 상상해본다.

흥선대원군은 용을 돌기둥에 조각하지 않는 대신 두 마리의 용을 경회루 연못에 묻어두었다. 그중 하나가 1997년 11월 11일, 연못 준설 공사 도중 연못 북쪽 하향정 앞 바닥에서 출토되었다. 발톱이 다섯 개인 오조룡으로 발견 당시에는 몸과 머리가 분리되어 있었다. 경회루 청동 용은 현재 경복궁 옆의 국립고궁박물관에서 전시 중이다.

《경복궁 영건일기》에는 경회루 청동 용을 제작한 의도가 담긴 고사문, 즉 고사를 지낼 때 읽은 글이 기록되어 있다.

근엄한 머리 뿔이 산처럼 높고

삼백 개의 비늘로 우두머리가 되었으니,

이에 변화는 무궁하고 이에 그 모양을 빌려 재앙을 막을 수 있겠구나.

물을 쓰면 즉불이 사라지고,

감(坎, 물)이 기운을 받으면 이(離, 불)가 사그라드니.

(…)

회록(回祿, 화재의 신)을 백겁 동안 가두고,

화덕진군(火德眞君, 불의 신)은 천 리로 배웅하라.

왕령(王靈, 염라대왕)께 엎드려 비오니 하늘의 재주로

사람을 키우고 물의 기운을 머금어 항상 뿌려 만세토록

궁궐을 보호하소서.

- 《경복궁 영건일기》 1865년 9월 10일

경회루가 불타지 않기를 바라는 마음을 청동 용에 담은 것이다. 그렇다면 다른 한 마리는 어디에 머물고 있을까. 48마리의 용이 장식된 돌기둥은 어떤 모습이었을까. 조선 성종 때의 지리서인 《신증동국여지승람(新增東國輿地勝覽)》에는 조선을 방문했던 유구국(오키나와) 사람이 경회루 연못에 비친 용을 보고 감탄했다는 대목이 나온다.

성종 정유년 유구국 사신이 역관에게 말하길,

"이번 길에 세 가지 장관이 있으니,

경회루 돌기둥에 나는 용을 새겼는데,

그 그림자가 푸른 물결과 붉은 연꽃 사이에

거꾸로 비치니 첫 번째 장관이요."

- 《신증동국여지승람》 제1권 〈경도 상〉

이것으로나마 용으로 휘감겨 지금보다 화려했을 경회루의 모습을 눈앞에 그려본다.

서유기를 품은 지붕

잡상

우리가 지나쳐 온 근정전, 사정전, 강녕전, 교태전 등 주요 궁궐 전각마다 지붕 위에 자그마한 잡상들이 장식된 것을 보았을 테다. 궁궐 가장 높은 곳에 자리 잡은 이들은 건물마다 개수는 조금씩 다르나 등장하는 인물들은 대개 중복된다. 근정전, 사정전, 강녕전, 교태전은 일곱 개, 조선 최대 목조 건물인 경회루가 열한 개로 가장 많다.

마치 체스판의 말처럼 줄줄이 놓여 있는 추녀마루 잡상은 인물들과 동물들로 뒤섞여 있다. 1920년 즈음에 작성된 저자 미상의 《상와도(像瓦圖)》에는 잡상의 명칭과 그림이 나온다. 대당사부, 손행자, 저팔계, 사화상, 이귀박, 이구룡, 마화상, 삼살보살, 천산갑, 나토두의 10신을 순서대로 소개한다. 그러나 잡상을 둘 때 꼭 이 순서를 지키긴 않았으며, 후대에 우리가 익히 아는 《서유기》에 나오는 인물과 토신(土神)이 추가되거나 변형되기도 했다. 그런데 왜 기와지붕에 《서유기》의 주인공들을 올리게 된 걸까?

《서유기》에는 당 태종의 꿈속에 밤마다 귀신이 나타나 기와를 던지며 괴롭히자 문관과 무관에게 전각의 문을 수호하게 했다는 이야기가 있다. 학자들은 여기에서 그 의미를 따온 것으로 추정한다. 조선 중기

문신 유몽인이 쓴 《어우야담(於于野譚)》에는 조선 시대 신임관이 선임관들에게 첫인사를 할 때 추녀마루의 잡상 이름들을 단숨에 줄줄이 외워 보여야 했다는 얘기가 나온다. 추녀마루 잡상들은 경복궁을 거닐면서 자세히 보기 어렵다. 다행히 국립고궁박물관에 전시 중인 전시품의 모습을 통해 각 캐릭터의 형태를 상세히 볼 수 있다.

① 삼장법사(大唐師傅, 대당사부)

맨 앞에 앉은 인물은 삼장법사다. 눈을 부리부리하게 뜨고 '쩍벌' 자세인 채다. 두 팔은 무릎 위에 얹었다. 할 수 있는 한 최대한 위협적인 표정을 지으며 악귀에게 으름장을 놓는 중이다. 머리 위 세모난 모자는 투구가 아니라 삿갓이고, 갑옷을 둘러 장군처럼 보이지만 승려다. 당나라의 현장(玄奘)이라는 고승으로, 우리에게는 '삼장법사'라

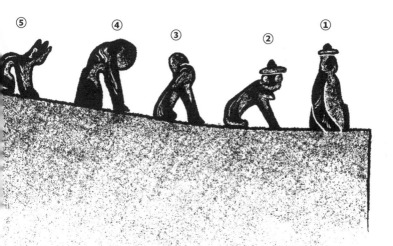

는 이름이 더 익숙하다. 삼장법사는 경장(經藏), 율장(律藏), 논장(論藏) 이 세 가지 장에 통달한 승려를 높여 부르는 용어인데, 당나라 현장이 불경을 구하러 서역에 다녀온 이야기를 소설화한 《서유기》가 만들어지면서 삼장법사를 대표하는 인물이 되었다. 《서유기》는 당 태종의 명을 받은 삼장법사가 손오공, 저팔계, 사오정을 만나 81가지의 난을 겪은 뒤 마침내 불경을 가져오는 이야기다. 여정 중에 온갖 악귀를 물리친 이들을 지붕 위에 얹어 궁궐을 지키게 한 것이다. 소설의 모티브가 된 현장은 인도의 많은 불교 서적을 한자로 번역해 들여와서 '역경삼장'이라고도 불렸다.

② 손오공(孫行者, 손행자)

삼장법사 뒤로 사람인지 동물인지 모호한 생김새의 토우가 뒤따른다. 삼장법사와 같은 삿갓을 쓰고 있으나 몸은 사람과 비슷하게 생긴 동물인 원숭이의 모습이다. 커다란 입을 활짝 벌리고서 삼장법사 바로 뒤에서 호위하고 있다. 손오공의 오공(悟空)은 '공을 깨닫는다'는 뜻이다.

③ 저팔계(猪八戒)

어렸을 때 본 애니메이션에서 저팔계는 선글라스를 낀 뚱뚱한 돼지의 모습으로 그려졌다. 그러나 추녀마루 저팔계는 마른 근육의 멧돼지로 표현되어 있다. 자세히 보면 앞다리와 뒷다리에 불꽃 무늬가 있다. 탄탄한 가슴팍에서 늠름함이 느껴진다. 맨 뒤에 중복으로 저팔계가 하나 더 있다. 팔계는 불교의 대표적인 여덟 가지 계율을 말한다.

④ 사오정(沙和尙, 사화상)

말귀를 잘 못 알아듣는 사람에게 "너 사오정이냐?" 하고 묻곤 한다. 우리는 사오정을 나방이나 먹는 우스꽝스러운 캐릭터로 기억하고 있다. 삼장법사, 저팔계와 함께 모험을 떠난 동료치고는 무능력하다고 평가받는데, 사오정 입장에서는 억울한 면이 없지 않다. 사오정은 앞장서서 영웅적으로 행동하지 않을 뿐, 무리에서 버팀목 역할을 했던 인물이다. 법명인 오정은 한자로 깨우칠 오(悟)와 깨끗할 정(淨)으

로, '청정함을 깨우친 자리'라는 의미가 담겨 있다. '사화상'이라고도
불리는데, 화상은 스승이라는 의미로 승려를 높여 부르는 호칭이다.

⑤ **이귀박**(二鬼朴)

이귀박은 무슨 말인지 알기 어렵다. '이귀'를 불교의 '이구'라고 보기
도 한다. '이구'는 불교 경전《성실론(成實論)》에 따르면, 구하는 것
을 얻으려고 하는 득구와 수명을 누리려는 명구가 있다.

⑥ **이구룡**(二口龍)

이구룡도 정확한 의미는 알 수 없고 앞의 이귀박과 생김새가 비슷하
다. 머리 위에 뿔처럼 난 돌기 수가 세 개면 이귀박이고, 두 개면 이구
룡이다.

⑦ **마화상**(馬和尙)

이름 그대로 말 모양을 한 잡상이다. 삼장법사가 타고 다니는 말로 추
정된다.

⑧ **삼살보살**(三煞菩薩)

하늘에 경배하듯 손을 모으고 있는 사람 형태의 잡상이다. 삼살은 세
살, 겁살, 재살 등의 재앙을 의미하며, 보살은 불교에서 부처님을 따
르고 중생을 보살피는 존재다.

⑨ 천산갑(穿山甲)

그다음으로는 목이 긴 천산갑과 짧은 천산갑 둘이 나란히 놓여 있다.
등에 울퉁불퉁한 돌기가 돋아나 있고 입을 쳐들고 있다.

★ 용두 / 이문

추녀마루 가장 마지막에는 커다란 용머리가
장식되어 있다. 마치 무언가를 토해내듯 입
을 크게 벌리고 있다. 용머리를 닮은 신령
스러운 동물 '이문'이라 지칭하기도 한다.
이문은 용의 아홉 자식인 용생구자 중 둘째
다. 《경복궁 영건일기》에서는, 서진의 학자 장화
가 저술한 전설집 "《박물지일편(博物志逸篇)》에 이르기를, '이문은
형상이 짐승과 같고 천성이 바라보기를 좋아하므로 전각 귀퉁이 위에
세우며'"라고 설명하고 있다.[42]

| 경회루 동물 석상 배치도 |

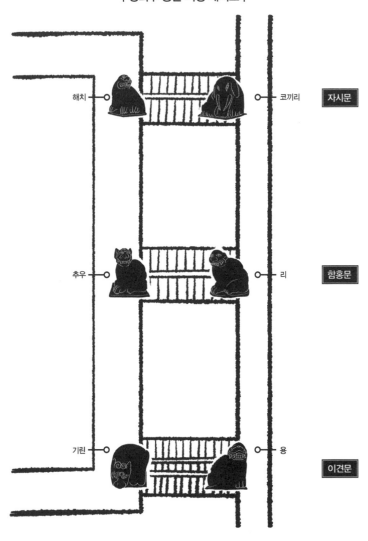

해치 — 코끼리 — 자시문

추우 — 리 — 함흥문

기린 — 용 — 이견문

건청궁
乾淸宮

: 고종의 자립과 좌절이 어리다

건청궁에 나아가 각국 공사(公使)들을 접견하고 이어 사찬(賜饌)하였다.

–《고종실록》 31권, 고종 31년 2월 27일 갑술 4번째기사

건청궁은 다른 궁궐 전각들처럼 화려한 단청, 전각을 지키는 수호 동물 석상도 없다. 그래서일까? 조선 왕실에서 벌어진 가장 기구한 사건으로 손꼽히는 일들이 바로 이곳에서 벌어졌다. 건청궁은 일반적인 사대부 집과 비슷하게 사랑채와 안채로 구성된 소박한 분위기의 한옥이다. 왕의 거처라고 쉬이 상상되지 않지만, 건청궁에서 살았던 왕이 있었다. 우리가 현재 보고 있는 경복궁을 중건했던 흥선대원군의 아들이자 조선의 제26대 왕 고종이다. 건청궁은 고종 10년 때 지어졌으며, 러시아공사관으로 가기 전까지 내전처럼 활용했다. 경복궁 깊숙한 곳에 머물며 신변을 보호하고자 하는 이유도 있었을 것이다.

고종은 동학농민운동을 막기 위해서 청나라에 원군을 청했다. 청나라 군대가 조선에 들어오자, 일본도 조선에 군대를 파견하면서 청일전쟁으로 치닫게 된다. 일본은 전쟁의 주도권을 잡고자 고종을 자기네 손안에 두려고 했다. 고종은 러시아 등의 다른 외세와 협력하여 일본을 견제하고자 했다.

그러나 1895년 음력 8월 20일 새벽, 일본군이 경복궁에 침입했다. 궁을 지키던 조선인 시위대는 속수무책으로 당했다. 일본군은 왕비가 있는 건청궁까지 들어가 금세 포위하였고, 명성황후를 잔인하게 시해한 뒤 은폐하려 했다. 명성황후의 시신은 건청궁 동쪽의 낮은 언덕인 녹산(鹿山)에서 태워졌다. 우리가 들어왔던 건청궁 옆 숲길로 가면 녹산이 있다.

향원정
香遠亭

:향기는 멀수록 더욱 맑다

나는 유독 연꽃이 진흙에서 나왔으나 더럽혀지지 않고 맑은 물결에 씻겼으나 요염하지 않으며, 속은 비어 있고 밖은 곧으며, 덩굴지지 않고 가지 치지도 않으며, 향기가 멀수록 더욱 맑고 우뚝한 모습으로 깨끗하게 서 있어, 멀리서 바라볼 수는 있지만 함부로 하거나 가지고 놀 수 없음을 사랑한다.

-〈애련설(愛蓮說)〉, 주돈이(周敦頤)[43]

경복궁에는 경회루보다 작은 연못이 하나 더 있다. 건청궁을 나서면 보인다. 연못 중심에는 향원정이라는 자그마한 육각형 정자가 있고, 정자와 이어지는 다리 취향교가 놓여 있다. 건청궁에 머물던 고종과 명성황후가 즐겨 찾았던 곳이다. 향원이라는 이름에는 '향기는 멀수록 더욱 맑다'는 시적인 의미가 담겨 있다. 중국 북송시대 성리학자 주돈이가 쓴 한시 〈애련설〉의 향원익청(香遠益淸) '향기가 멀수록 더욱 맑다'에서 따왔다. 취향교를 걷는 일은 향기에 흠뻑 젖는 일이다. 취향교는 한국전쟁 때 파괴된 후 향원정 남쪽에 세워졌다가 최근 본래 있던 북쪽 건청궁 방향으로 복원되었다. 지금의 우리는 다리를 건너 향원정에 들어갈 수 없지만, 그곳에서 바라보는 주위의 풍경을 머릿속에 그려본다. 향원정은 사방으로 문이 나 있고, 정자로서는 드물게 온돌방이었다. 여름에는 문을 활짝 연 채 사방에서 불어오는 시원한 맞바람을 맞으며 푸릇한 초록으로 둘러싸인 여름 풍경을 즐겼을 테고, 겨울에는 문을 닫고 뜨뜻한 온돌방에서 고요히 휴식을 취했을 것이다. 그렇다면 향원정에는 어떤 동물들이 노닐고 있을까.

하늘을 수놓은
봉황

향원정 2층 천장에는 봉황 그림이 빼곡하게 채워져 있다. 자세히 보면 그냥 그림이 아니라 천장을 지지하도록 나무가 덧대어진 반자틀에서 봉황은 육각형의 사방으로 드넓게 뻗어 나간다. 날개를 펼친 채 천장을 노닐고 있는 무수한 봉황을 보니, 정자의 공간감이 하늘을 품은 듯 더욱 광활하게 느껴진다. 그런데 이렇게 고즈넉하고 평온해 보이기만 하는 향원정에도 사연은 있다. 바로 향원정의 연못이 조선에서 처음으로 전기가 발생한 곳이라는 것. 1887년 에버렛 프레이자(Everett Frazar)의 주도로 경복궁에는 에디슨 전기회사의 전구가 설치되었다. 이때 향원정 연못의 물이 발전기를 돌리는 데 이용되었다. 당시 궁궐 사람들에게도 밤에 불이 들어온다는 것은 신묘한 일이어서 한 상궁은 "서양인이 기계를 움직이자 연못의 물을 빨아 올려 물이 끓는 소리와 우렛소리와 같은 시끄러운 소리가 났다. 그리고 얼마 있지 않아 궁전 내의 가지 모양의 유리에는 휘황한 불빛이 대낮같이 점화되어 모두가 놀라움을 금치 못했다"라고 감상을 적었다.[44] 이 사연을 알고 나니 깜깜한 밤, 찬란한 전구 불빛이 수놓은 향원정의 풍경이 어떠했을지 궁금해진다. 고종과 명성황후는 그 모습을 보며 어떤 이야기를 나눴을까.

집옥재
集玉齋

: 옥처럼 귀한 보물을 담은 곳

검부지루 화부지사(儉不至陋 華不至奢)
검소하지만 누추한 데 이르지 않았고,
화려하지만 사치스러운 데 이르지 않았다.

–집옥재 상량문 중에서

경복궁의 화재로 창덕궁으로 잠시 거처를 옮겼던 고종은 다시 경복궁에 돌아가면서 창덕궁에 있던 집옥재를 건청궁 가까이에 지었다. '옥처럼 귀한 보물을 담은 곳'이라는 뜻을 이름에 담았다. 그 보물이란 뭘까? 바로 왕의 초상화인 '어진'과 '책'이었다. 집옥재는 고종의 서재였다. 대략 4만 권의 책이 소장되어 있던 왕실의 도서관이었다고 한다. 그 뜻을 이어받아 지금도 일부 기간에는 관람객들이 도서관처럼 이용할 수 있게 한다. 이곳에는 다른 전각들과 달리 현판이 세로로 달려 있다. 처마의 선이나 창살의 모양과 장식에서 청나라풍 건축양식이 느껴진다. 궁궐 구석에 자리 잡은 것치고 건물이 굉장히 호사스러운 편이다. 특히 벽돌을 쌓은 뒤 둥그런 만월창으로 장식한 전각의 뒤편은 집옥재의 백미니 꼭 살펴보자. 또 입구에 전각을 지키는 동물 석상이 네 마리나 있으며, 중앙에 답도도 있다.

도서관 지킴이

용두, 천록, 해치

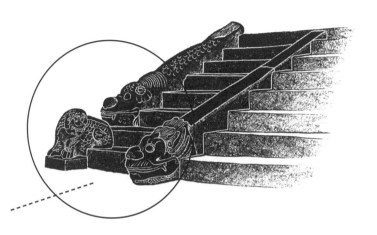

가운데 어도를 구분하기 위해 용두 석상으로 장식했고, 계단 양옆에
는 천록을 두었다. 천록 앞에는 해치 두 마리가 양쪽에 각각 앉아 있
다. 집옥재의 석상들은 모두 몸을 정면으로 향하고 있다. 왕실 도서관
을 찾은 사람들을 모든 동물이 반기고 있는 듯하다. 전각을 오르는 사
람을 마주하도록 배치된 동물은 궁궐을 지키는 수호 동물의 의미뿐
아니라 경배의 의미도 있다. 그런데 계단 양옆 해치의 자세에 유독 눈
길이 간다. 몸은 정면으로 향한 채 고개만 휙 돌려서 뒤를 바라보고 있
다. 최대한 돌린 고개에서 계단을 오르고 전각 안으로 들어가는 것까
지 지켜봐야겠다는 일념이 느껴진다. 집옥재를 나오는 사람의 입장
에선 오늘 할 공부를 다 마쳤는지 확인하는 것 같기도 하다. 어쩐지 믿
음직한 형상이다. 해치의 엉덩이에 턱을 걸친 채 코를 박고 있는 천록
의 모습이 익살맞다.

한 가닥 수염을 가진

집옥재 용마루를 올려다보면 역동적인 자세로 걸쳐 있는 두 마리의 청동 용을 발견할 수 있다. 다른 전각의 용마루와 달리 푸른색을 띠고, 하늘을 향해 꼬리를 치켜든 자세가 드라마틱해 높은 곳에 있어도 눈에 띈다. 특히 입 옆으로 길게 수염 한 가닥이 나 있는 모습이 인상적이다.

집옥재에 소장되어 있던 도서를 정리한 《집옥재서적목록》에는 19세기 후반부터 20세기 초반에 중국에서 간행한 서적이 많이 포함되어 있으며, 일본 및 서양의 서적도 있었다고 한다. 또 고종은 집옥재에서 국서를 가져온 외국 사신을 접견하기도 했다. 고종은 집옥재에서 어떤 꿈을 꿨을까? 청동 용의 모습과 조선의 말로가 대비되어 마음이 처연해진다.

마주 보는

봉황

고종의 서재였던 집옥재에는 왕이 사용했던 공간인 만큼 곳곳에서 용과 봉황 장식을 찾아볼 수 있다. 내부에 우묵하게 들어간 우물천장에는 쌍용 그림이 있고, 툇마루 양쪽 판벽에는 봉황이 장식되어 있다. 얼핏 보면 데칼코마니처럼 쌍을 이루고 있지만 자세히 살피면 생김새가 다르다. 한 마리는 얼굴색이 푸르고, 다른 한 마리는 초록색 얼굴을 지녔다. 꼬리 깃털 모양도 다르다. 초록색 얼굴을 한 봉황 꼬리의 깃털이 더욱 화려하다. 화려한 꼬리가 수컷인 봉, 푸른색 얼굴이 암컷인 황이다.

집경당
緝敬堂

:계속해서 공경한다

'한 궁궐 안에서 가면 어디로 가겠습니까? 차라리 여기 있으면서 여러 사람들의 심정을 안정시키겠습니다. 그리고 지금 칼자루를 잃어서 이미 역적의 머리를 베지 못할 바에야 우선 포용해서 그 흉악한 칼날을 늦추어 놓는 것이 낫습니다'라고 하였다.

–《고종실록》36권, 고종 34년 11월 22일 양력 2번째기사

향원정 남쪽에는 집경당이 있다. 함화당과 복도로 이어져 쌍을 이루는
건물이다. 고종은 이곳에서 신하들과 경서를 읽거나 외국의 외교관을
접견했다고 한다. 《고종실록》에 따르면 청일전쟁 직전인 1894년 음
력 6월 21일 새벽 일본군이 기습했을 당시 고종과 명성황후가 머물고
있던 곳이 함화당이다. 고종이 건청궁으로 피하라고 했으나 명성황후
는 함화당을 잠시 떠났다가 돌아와 사람들을 안심시켰다고 한다.[45] 일
제강점기 때 주위의 행각과 함께 철거될 뻔했으나 경복궁에 조선총독
부가 건립한 박물관의 사무실로 쓰였고, 조선민족미술관 전시관으로
사용되면서 남아 있게 되었다. 철거되었던 주변의 담장과 행각은 다
시 복원되었다. 비극적인 역사의 흔적 때문일까? 오늘날 경복궁 깊숙
이 있는 이곳까지 둘러보는 사람은 아주 드물다.

지붕의 마침표

용

망와는 지붕 위에 취두, 용두, 잡상이 없는 마루 끝에 장식된 기와다. 다른 장식 없이 반질반질한 기와의 끝맺음을 깔끔하게 정리한다. 왠지 그 맵시를 볼 때마다 문장의 마침표 같다고 생각한다. 마침표로 의미가 담긴 하나의 문장을 완성하듯 망와로 지붕의 특색을 마무리한달까. 망와는 기능적 역할보다는 상징적 의미가 중요하다. 조선 시대에 망와로 즐겨 사용된 문양에는 용, 귀면, 인면, 거미, 연화, 팔괘 등이 있으며, 동물 문양은 풍요와 행운을, 식물 문양은 자연과 생명력을, 기하무늬는 조화와 균형을 상징한다. 경복궁의 다른 전각에도 종종 보이나 우리가 다니며 육안으로 확인할 수 있는 망와는 집경당의 용 모양 망와 정도다. 얇은 필치로 새겨져 있긴 해도 움직임의 역동성은 상당하다. 특히 힘 있게 꺾인 발끝에서 용의 기세를 느낄 수 있다.

경복궁에는 남문인 광화문 외에도 동문, 북문, 서문이 있다. 정문인 광화문만큼은 아니지만 다른 세 문에도 천장에 동물들이 자리하고 있으며, 이 문들도 나름의 사연들을 지니고 있다. 오히려 대외적인 정문보다 뒷문에 기구한 사연이 많은 법이다.

동문 건춘문(建春門)

쌍룡

건춘문은 경복궁 동쪽 담에 있다. 담의 정 가운데가 아니라 남쪽으로 살짝 치우쳐 있다. '봄을 세우다'라는 뜻으로 건춘이라 지었다. 동궁전에서 나오면 보이는 문으로, 동궁전에서 일하는 관리들이 주로 드나들었다. 건춘문 밖으로는 종친들을 관리하는 종친부가 있어서 왕족이나 종친들도 건춘문을 일상적으로 이용했다고 한다. 궁궐에서 일하는 사람들이 드나드는 문이었지만 드물게 왕이 건춘문을 통해 나선 일이 있었다.

1895년 을미사변 이후 친일파들에 의해 감금되다시피한 고종을 친미파, 친러파, 개화파가 협력하여 구출하려 했다. 처음엔 800여 명의 군사와 건춘문을 열고 궁에 들어가려 했으나 건춘문 안에서 문을 열어주기로 했던 친위대 대대장의 배신으로 계획은 수포로 돌아간다. 대안으로 북동쪽 문인 춘생문으로 빠져나가려고 했으나 그 또한 여의치 않았다(춘생문은 현재 남아 있지 않다). 이듬해 고종은 또 한 번 피신하기 위해 건춘문 앞에 섰다. 왕과 왕세자는 건춘문을 통해 러시아공사관으로 급하게 빠져나갔다. 고종은 건춘문으로 나간 뒤 경복궁으로 다시 돌아오지 않았다. 아버지 흥선대원군이 권력을 과시하기 위해 새로 중건한 경복궁에서 왕비가 참혹하게 목숨을 잃었으니 그럴 만도 하다. 건춘문 홍예 천장에는 동쪽 방위를 나타내는 청룡이 그려져 있다. 건춘문은 안에 들어가서는 볼 수 있지만, 통행은 금지되어 있다. 천장화도 다른 문에 비해 빛이 바래고 낡았다.

북문 신무문(神武門)

쌍구

신무문은 세종 때 처음 세워졌다. 이후 임진왜란 때 없어졌다가 고종 때 지금의 형태로 중건되었다. 홍예 천장에는 북쪽 방위를 나타내는 거북이 그려져 있다. 《경복궁 영건일기》에는 거북 구(龜) 자를 써서 "쌍구를 그렸다"라고 쓰여 있다. 문 이름에는 '신묘하게 뛰어난 무용 (武勇)'이라는 뜻이 담겨 있다. 화려하게 물결치는 파도를 헤엄치는 두 마리의 거북이 천장을 가득 채우고 있으니 신묘할 따름이다. 신무 문은 비상시나 왕의 비밀 행사 등 특별한 경우에만 다닐 수 있는 문이 었다. 지금은 광화문과 신무문을 통해 경복궁 입장이 가능하다. 북적 거리는 인파를 피해 한가롭게 궁궐을 즐기고 싶다면 신무문부터 입장 하여 궁궐을 둘러보는 것도 방법이다.

그러나 신무문은 지금처럼 늘 열려 있지 않고 닫아둔 적이 많았다. 북 쪽은 음의 기운이 강하므로 이를 막고자 닫아두었다가 특별한 행사가 있을 때만 열었다. 한국전쟁 이후 1954년 경복궁을 일반에 공개할 때 신무문도 개방되었다가 5·16 군사정변 때 군부대가 주둔하면서 폐 쇄되었다. 1979년 12·12 군사반란을 모의했던 수도경비사령부 제 30경비단이 신무문 안쪽에 있었다. 1996년에 경비단이 이전했지만, 청와대 정문과 마주하고 있어 보안과 경호 등의 이유로 민간인에게 공개되지 않았다. 신무문이 민간인에게 개방된 건 2006년 노무현 대 통령 때였다.

서문 영추문(迎秋門)

쌍호

영추문은 '가을'을 뜻하며, 연추문이라 불리기도 했다. 영추문 주위로 승정원, 홍문관, 내의원, 규장각 등이 있어 관리들이 출퇴근할 때 주로 드나들었다. 밤에는 닫고 낮에만 열어두었던 문이다. 영추문은 조선 시대 초기와 말기에 있었던 주요 사건이 벌어진 곳이기도 하다. 이방원이 제1차 왕자의 난을 일으켰을 때 들어왔던 문이 영추문이었다. 그리고 고종 때인 1894년 음력 6월 21일 새벽, 굳게 닫혀 있던 문이 열렸다. 아니, 누군가에 의해 강제로 뜯겼다. 일본군이 경복궁에 침입한 것이다. 조선총독부가 편찬한 《고종실록》에는 일본군의 영추문 침입을 '입궐(入闕)'이라고 표현해 마치 일본군이 고종을 지켜주려 했던 것처럼 기록하고 있다. 그러나 이것은 분명한 '난입'이었다. 영추문 천장에는 서쪽을 상징하는 쌍백호가 그려져 있다. 눈알은 튀어나오기 일보 직전으로 크게 뜨고 입을 벌려 으르렁대고 있다. 그런데 여기서 주목할 점이 있다. 《경복궁 영건일기》에는 쌍호에 대한 언급은 없고 영추문 천장에 쌍린, 즉 기린을 그렸다는 기록이 있다. 그러나 영추문 천장에는 명백한 호랑이의 형상이 있다. 우리가 보는 영추문 천장에는 어쩌다 백호가 그려지게 된 것일까. 아마도 나중에 경복궁을 복원할 때 좌청룡, 우백호 사신도에 맞추어 건춘문에 청룡을 그리고 영추문에 백호를 그린 것으로 생각된다. 영추문에 기린을 그리기로 한 데는 경복궁을 둘러싼 문 천장에 사령을 두어 궁을 수호하게끔 한 것이 아닐까. 사령은 네 마리의 신령한 동물을 이르며 용, 기린, 봉황, 거북을 말한다. 경복궁의 문에 대입하면 각각 건춘문의 용,

영추문의 기린, 광화문 정문의 봉황, 신무문의 거북에 해당한다. 비록 그때의 기린은 영추문으로 쳐들어오는 일본군을 막지 못했지만, 지금은 영추문의 백호가 그 자리를 대신하여 지키고 있다.

●
부
록
●

경복궁, 못다한 이야기

글 조경철

역사학자·연세대학교
사학과 객원교수

• 일러두기: 부록에 수록된 글은 한국사 뉴스레터 〈나만의 한국사 편지〉에 연재했던 내용을
수정하고 재구성한 것이다.

경복궁, 불을 막아라!

조선 건국 때 세워진 경복궁은 임진왜란 때 불에 타서 없어졌다. 《선조실록》에는 단지 경복궁이 불탔다고만 쓰여 있고, 《선조수정실록》에는 난민이 불태웠다고 한다. 불길에 휩싸인 경복궁을 직접 목격했다면 불이 얼마나 무서운 존재인지 몸소 느꼈을 것이다.

고종이 왕이 되자 흥선대원군은 나라의 권위를 세우기 위해 경복궁을 다시 짓기 시작했다. 그런데 공사 중에 큰불이 났다. 사람들은 궁을 짓는 것을 그만두겠지 예상했지만, 흥선대원군은 공사를 중단하지 않았다. 계속 밀어붙여 경복궁을 완성했다.

불은 멀쩡한 건물을 잿더미로 만든다. 사람들은 목조 건물을 지으며 시간이 오래되어 삭아 없어질 것을 걱정하기보다는 한순간에 불타 사라져버릴까 노심초사했을 것이다. 지금은 CCTV나 자동화재감지 장치 등 과학적인 방법을 동원하여 화재를 예방하지만, 옛날에는 그럴 수 없었다. 옛사람들은 불이 나지 않았으면 하는 마음을 담은 상징물들을 곳곳에 설치했다. 그 방법이 지금이라면 미신처럼 보일 수도 있겠다. 하지만 항상 화재를 조심해야 한다는 경각심을 일깨운다는 측면에서는 효과가 있었다.

불기운을 막는 해치

경복궁 곳곳에서는 화재를 예방하고자 하는 마음이 담긴 상징물들을 찾아볼 수 있다. 먼저 경복궁의 정문인 광화문 앞 해치가 있다. 해치는 선과 악을 구분하는 상상 속의 동물이다. 악한 사람을 보면 머리 위의 뿔로 들이받는다. 해치가 관악산의 불기운을 막아주는 역할을 했다는 속설도 있다.

한양 도성을 둘러싼 산은 여덟 개다. 안쪽으로는 동서남북 순서로 타락산(낙산), 인왕산, 목멱산(남산), 백악산(북악산)이 있고, 바깥으로는 용마산, 덕양산, 관악산, 삼각산이 있다. 음양오행에서 남쪽은 불을 상징한다. 남쪽에 있는 관악산은 바위산이기도 해서 불기운이 더욱 센 산이라 여겼다.

불을 막는 현판

한양 도성 정문인 숭례문의 현판은 특이하게 가로가 아닌 세로로 걸려 있는데, 이 또한 관악산의 화기를 막기 위해서라는 말이 있다. 나는 이러한 것들이 단순히 속설이 아니라, 의미를 내포하고 있다고 생각한다. 현재 걸려 있는 광화문 현판은 검은색 바탕에 금색으로 글씨가 쓰여 있다. 광화문 현판의 바탕색과 글씨 색에 대해서 논란이 있었으나 2018년 《경복궁 영건일기》가 공개되면서 논란은 잠잠해졌다. 《경복궁 영건일기》는 일본 와세다대학교에서 발견되었다. 흥선대원군 때 경복궁 중건 실무를 맡은 원세철이 경복궁의 공사 과정을 날짜별로 적은 기록으로, 광화문 현판에 관해 기록되어 있다.

> 광화문 현판은 (글씨는 훈련대장 임태영의 글씨)
> 묵질(墨質, 검은 바탕)에 금자(金字)다.
> -《경복궁 영건일기》 1865년 11월 11일

> 교태전과 강녕전의 현판은 묵본(墨本)에 금자(金字)다.
> 각 전당의 현판이 모두 검은 바탕인 것은
> 불을 제어하는 이치를 취한 것이다.
> -《경복궁 영건일기》 1867년 4월 21일

검은색 바탕에 금색 글씨로 된 현판을 만들었다고 되어 있다. 검은색은 '북쪽'과 '물'을 상징한다. 광화문 현판에 검은색 물기운을 담아 경복궁의 정문부터 관악산의 화기를 막고자 한 것이다. 광화문 현판뿐 아니라 경복궁의 주요 현판인 흥례문, 근정문, 근정전, 사정전, 강녕전, 교태전 등의 현판도 검은색 바탕이었다. 지금도 경복궁의 중요 현판의 바탕색은 검은색이다. 광화문 현판만 유일하게 바탕색이 흰

색이었는데, 2023년 10월 묵질금자(黑質金字)로 복원되었다.

광화문에 숨겨놓은 물

광화문 돌벽에도 불을 막는 상징물들을 찾아볼 수 있다. 광화문 앞면과 안쪽 돌벽 위쪽을 유심히 바라보면 불룩 튀어나온 물내림돌들을 찾아볼 수 있다. 이것은 물이 흘러내리는 역할을 하는 누조다. 광화문 앞뒤에 각각 여섯 개씩 있다. 광화문 안쪽 누조 밑에는 감괘라는《주역》의 괘가 그려져 있다. 감괘는 태극기에 있는 건곤감리 가운데 하나로, 물을 상징한다. 관악산의 불기운을 감괘로 퇴치하겠다는 뜻이다.

불을 막는 깃발

경복궁을 중건하는 데 전국의 수많은 사람이 참여했다. 그중 전남 영광 법성창에서 배로 물건을 실어 나르던 320여 명이 깃발을 들고 와 공사에 참여했다고 한다. 흥선대원군은 이들이 가져온 18개의 깃발을 근정전 둘레에 영원히 꽂아두라고 하였다.

> 배 깃발은 물을 멈추게도 하고 물을 가게도 하는 물건이나
> 관악의 화성(火星)을 막을 수도 있으니 그대로 두고
> 근정전 월대 위의 4면에 영원히 꽂아두도록 하라.[1]

▲ 상량문에 함께 올린 용 그림

▲ 1000개의 '龍'으로 만든 '水'

궁궐 곳곳을 지키는 용

경복궁 경회루와 연못에도 불을 막는 상징물들을 찾아볼 수 있다. 경회루를 이루고 있는 48개의 돌기둥 각각에는 원래 용이 새겨져 있었다고 한다. 48마리의 용은 비를 몰고 다녀 불이 나면 출동해 비를 내린다.

아쉽게도 흥선대원군 중건 당시에는 경회루 돌기둥에 용을 조각하지 않았고 그 대신 경회루 앞 연못에 용 모양으로 된 청동 두 개를 묻었다. 그중 하나가 연못 준설 공사 때 하향정 앞에서 발견되었다. 현재 국립고궁박물관에 전시되어 있다.

용 그림을 그려 근정전 상량문²에 함께 올리기도 했으며, '龍'이란 글자 1000개로 커다랗게 '水' 자를 쓴 종이도 함께 올렸다.

또한 경복궁 중건 당시 경회루 연못에서 옥석(玉石) 하나가 나왔다고 하는데, 옥석에는 아래의 시구가 적혀 있었다.

하늘이 낳은 성군이 옛 궁궐을 다시 지으니
봉황이 춤을 추고 나라는 영원하리.

흥선대원군이 경복궁을 다시 짓는 것은 하늘의 뜻이라는 정당성을 강조하기 위해서 일부러 연못에 글을 새긴 옥석을 던져 넣는 퍼포먼스를 한 것으로 추측된다.

▲ '水' 자를 새긴 육각형 은판

불을 다스리는 숫자

옥석의 시구에는 '화군(火君)을 위로하고자 관악의 머리에 우물을 판다'라는 구절도 있다. 사람들은 관악산의 불기운을 꺾기 위해 산 꼭대기에 올라 바위를 뚫고 우물을 만들었다. 우물 모양은 물을 상징하는 숫자 6을 활용하여 육각형으로 만들었다.

사람들은 관악산 정상에서 6섬의 숯을 굽기도 했다. 숯으로 불기운을 빼내기 위해서였다. 숯을 경복궁에 있는 전각들 근처에 묻었는데 땅을 팔 때 감괘 모양으로 파서 묻었다고 한다.

6 또한 물의 수다. 모두 화(火)를 다스리기 때문이다.

-《경복궁 영건일기》 1865년 10월 11일

전각에는 상량문과 함께 은으로 만든 돈, 은전도 안치했다. 육각형 모양으로 만들어 각 꼭짓점 부분 앞뒤에 水 자를 새겼다. 육각형 은전세 개를 꼭짓점이 맞물리게끔 모아두면 水 자 세 개가 모인 아득할 묘(淼) 자가 된다. 그야말로 물, 물, 물이다.

사람들에게 어느 궁궐이 가장 아름답냐고 물으면 자연과 잘 어우러진 창덕궁을 많이 꼽는다. 경복궁의 아름다움이 무엇이냐고 물으면 선뜻 답하기 어렵다. 경복궁의 상징물들을 훑어보며 내가 느낀 경복궁의 아름다움은 '마음'이었다. 궁궐이 지켜지기를 바라는 모두의 마음이 배어 있는 곳이 경복궁이다. 관악산 정상에서 경복궁을 멀리 바라보며, 경복궁이 불타지 않고 우리와 함께 영원하기를 기도하고 싶다.

흥례문은 원래 홍례문? 사연 많은 궁궐 현판

몇 해 전, 국립고궁박물관에서 궁궐에 걸었던 여러 현판을 모아 특별전을 했다.[3] 현판이 있던 건물은 대부분 사라졌지만, 현판은 여전히 남아 있다. 사라진 건물들은 대개 일제 때 많이 파괴되었다. 물론 건물이 있어도 여러 사정상 걸 수 없는 현판들도 있다. 어쨌든 한때 위세를 뽐냈을 현판들이 이제는 박물관에 모여 과거의 영화를 달래고 있다.

조선의 현판이라 하면 궁궐의 광화문, 근정전 등이 떠오른다. 그러나 궁궐 전각 이름이 아닌 왕의 일상을 적은 현판도 꽤 있다. 현판을 가장 많이 남긴 왕은 영조다. 영조 현판을 전시하는 공간이 따로 있을 정도다. 영조는 아버지 숙종을 기리는 마음을 담아 많은 현판을 썼다. 숙종의 정통을 이어받았다는 것을 여러 차례 강조했다.

영조가 남긴 계석행(繼昔幸)이란 현판이 있다. 이을 계, 옛날 석, 행은 임금의 행차를 말하는 것으로, '옛 행차를 잇다'라는 뜻이다. 아버지 숙종이 행차한 곳을 영조가 다시 찾아 아버지를 생각하며 남긴 현

▲ 영조가 쓴 글씨를 새긴 계석행 현판

판이다.

옛날 석(昔) 자가 들어간 다른 현판도 있다. 억석회만(憶昔懷萬), 기억할 억, 옛날 석, 품을 회, 만 만. '옛날을 기억하니 만 가지 회포가 남는다'라는 뜻이다. 이 현판의 특이점은 '昔' 자를 다른 글자들보다 위로 높게 썼다는 것. 이때 '昔'은 아버지 숙종을 빗댄 글자로 높여 쓴 것으로 생각된다.

현판에서 어떤 글자를 줄 맞춰 쓰지 않고 위로 올려 쓰는 것은 그 글자가 뜻하는 바를 높인다는 의미다. 국립중앙박물관 로비에 전시 중인 고려 경천사탑에도 원나라 황제를 뜻하는 皇 자가 다른 글자보다 높이 쓰여 있다.

영조가 효종이 왕자 시절 머물렀던 집, 어의궁에 행차해 남긴 용흥구궁(龍興舊宮), '용(왕)이 일어났던 옛 궁'이라는 뜻의 현판에도 효종

▲ 영조가 남긴 억석회만 현판(위)과 어의궁에 행차해 남긴 용흥구궁 현판(아래)

을 상징하는 龍 자가 높이 쓰여 있다.

현존하는 현판 가운데 가장 큰 것은 대안문(大安門) 현판이다. 인화문 (仁化門) 현판도 그에 못지않게 큼직하다. 대안문과 인화문은 대한제 국 때 고종이 머물렀던 경운궁과 관련 있다. 경운궁은 지금의 덕수궁 이다. 덕수궁은 고종이 일제에 의해 쫓겨난 1907년 이후 불린 명칭이 므로 다시 경운궁으로 불러야 한다.

인화문이란 글자에서 이 문이 경운궁의 정문임을 알 수 있다. 경복궁 의 광화문, 창덕궁의 돈화문처럼 화(化) 자가 들어갔기 때문이다. 대 안문은 경운궁의 동쪽 문이다. 인화문 앞이 좁아 나중에는 대안문이 정문 역할을 했고, 1906년 대안문은 지금의 대한문(大漢門)으로 바

▲ 대안문 현판(위)와 인화문 현판(아래)

뀌었다.

여기서 대한은 '大韓'이 아니고 '大漢'이다. 漢에는 '큰 하늘(은하수)'
이라는 의미와 함께 대한제국의 수도인 한양(漢陽)을 크게 한다는 의
미가 담겨 있다. 1905년 을사늑약 이후 대안문을 대한문으로 바꾸어
대한제국의 부흥을 꿈꿨지만, 나라는 점점 어려워져 갔다.

대안문을 대한문으로 바꾼 이유로 이런 속설도 있다. 대안문의 안
(安)에 계집 여(女)가 들어가니까 무뢰한의 놈 한(漢)을 써서 대한문
이라고 했다는 것. 처음에는 좋은 뜻으로 쓰였던 대한제국의 대한문
이 나중에 나라가 망하면서 온갖 잡설로 희화화되었던 것 같다.

대안문과 대한문처럼 현판 이름은 역사적 상황에 따라 그 시대의 이

상에 따라 종종 바뀌었다. 대표적인 예가 경복궁의 흥례문이다.

국립고궁박물관 앞에는 현판들이 지금도 걸려 있는 경복궁이 있다. 국립고궁박물관 입구로 나와 경복궁을 바라보았을 때, 오른쪽에 보이는 문이 광화문이고, 왼쪽으로 보이는 문이 흥례문이다. 흥례문 뒤로 가장 높이 솟아 있는 근정전이 보인다. 정문인 광화문은 널리 알려진 반면, 흥례문은 익숙하지 않을 것이다. 흥례문은 현재 경복궁에 들어갈 때 표를 내고 들어가는 문이다.

흥례문도 광화문 못지않게 여러 우여곡절이 있었다. 흥례문은 임진왜란 때 불탔고, 흥선대원군이 중건했다. 그러나 1915년 일제가 조선물산공진회 건물을 짓는다며 강제로 헐어버렸다. 나중에 이곳에 조선총독부 건물이 들어섰고, 광복 이후 조선총독부 건물을 폭파하고 여러 건물을 다시 세웠다. 흥례문도 2001년에 복원되었다.

사실 흥례문은 원래 흥례문이 아니라 홍례문이었다. 경복궁, 근정전, 사정전, 강녕전 등의 전각 이름은 조선 건국 일등 공신인 정도전이 지었고 광화문, 홍례문 등은 세종 때 지어졌다.

흥선대원군은 경복궁을 중건할 때 대부분 원래 이름을 그대로 따랐는데 홍례문은 흥례문으로 바꾸었다. '예를 널리 퍼트린다'는 홍례와 '예를 널리 일으킨다'의 흥례. 뜻도 비슷한데 굳이 고친 이유가 무엇일까. 청나라 황제 건륭제 때문이다. 건륭제의 이름은 홍력(弘曆)이었는데, 홍례문의 홍이 건륭제의 이름과 같다 하여 이 글자를 일부러 피한 것이다. 높은 사람의 이름을 그대로 쓰는 것은 사대의 예가 아

198 198 · 199

▲ 경복궁 흥례문 현판

니기 때문이다. 그래서 홍과 뜻이 비슷한 흥으로 바꿔 흥례문이라 한
것. 흥선대원군은 청나라에 사대의 예를 지나치게 하는 것이 자신과
왕권에 유리하다고 느꼈던 듯하다.

사실 궁중 현판 전시에 전시되지 못한 현판도 많다. 청나라 건륭제가
정조에게 누런 비단에 써서 준 글씨를 현판으로 만든 동번승미(東藩
繩美)도 그중 하나다. '동쪽의 번국[속국]이 아름다움을 이어가고 있
다'라는 뜻이다. 흥선대원군이 홍례문을 흥례문으로 바꾼 것도 건륭
제가 말한 '동번승미'의 또 다른 예로 볼 수 있을 것이다.

현판은 그 시대의 이상을 나타낸다. 세종이 홍례문이라는 이름을 지은 것은 정치를 부지런히 하고(근정) 예를 널리 퍼트린다(홍례)는 데 뜻을 두었기 때문이다. '근정'과 '홍례'는 조선 건국의 이상이었다. 그런데 흥선대원군은 홍례를 흥례로 바꾸었다. 사대도 조선 건국의 이상 가운데 하나였다. 홍례를 흥례로 바꿈으로써 사대의 예를 더욱 흥하게 한 셈이 되었다. 그러나 예가 과하면 예가 아니다. 홍례를 흥례로 바꾼 것은 예가 과한 것이다. 그렇다고 흥선대원군을 욕할 수만은 없다. 어쨌든 홍례를 흥례로 바꾼 건 그 시대의 이상이었으니까.

홍례문은 일제강점기 때 허물어졌으나 조선총독부가 폭파된 뒤, 2001년에 다시 세워졌다. 이때 세종 때의 이름 홍례문과 흥선대원군 때 바꿔 지은 흥례문, 어느 이름으로 지어야 했을까? 흥례문을 주장하는 사람들은 현재 경복궁 복원 원칙 기준 연대가 흥선대원군 때이므로 흥례문이 되어야 한다고 강조한다. 하지만 나는 복원 원칙 기준은 건물에만 적용하면 될 일이지 현판까지 일률적으로 흥선대원군 때를 따를 필요는 없다고 생각한다.

경복궁 광화문 앞 광장에는 세종대왕 동상이 있다. 경복궁은 역사적으로 사연이 정말 많은 곳이다. 그중에 벌어졌던 가장 역사적인 사건이 있다면 세종의 한글 창제가 아닐까. 광화문, 홍례문이라는 이름도 세종 때 지었다. 흥선대원군의 흥례문보다 세종의 홍례문이 경복궁에 더 어울리지 않는가. 누구의 이상을 걸 것인가. 언젠가 흥례문 현판이 홍례문으로 바뀌는 날이 오기를 바란다.

영추문에서 들린 총성

연추문 들이다라

경회남문 바라보며 하직하고 물러나니,

옥절이 앞에 서 있다.

유명한 송강 정철의 《관동별곡》의 한 구절이다. 《관동별곡》은 정철이 강원도 관찰사 시절 관동 팔경의 아름다움을 노래한 가사체 기행문이다. 국어 교과서에 실려 있어 모든 국민이 아는 고전 시가다. 연추문은 영추문을, 경회남문은 경회루의 남문을 말한다. 지금은 경회루의 남쪽이 트여 있지만, 예전에는 담이 둘러져 있었고 남문도 있었다.

영추문은 경복궁 서쪽 문이다. 동쪽 문은 봄을 뜻하는 건춘문, 서쪽 문은 가을을 뜻하는 영추문(연추문)이다. 경복궁에는 크고 작은 수많은 전각과 문이 있는데 춘추(春秋)나 생성(生成) 또는 인의(仁義)처럼 서로 대구가 되는 문 이름이 많다.

경복궁의 편전, 즉 임금이 평상시에 거처하는 궁전인 사정전 동쪽에는 '만춘전', 서쪽에는 '천추전'이 있다. 경복궁의 침전인 강녕전의 동쪽에는 '연생전'이 있고 서쪽에는 '경성전'이 있다. 경복궁을 거닐다 '춘, 생, 인'이 들어간 문을 만나면 동쪽 문이고, '추, 성, 의'가 들어간 문을 만나면 서쪽 문이라고 생각하면 된다.

'큰 복'을 뜻하는 궁의 이름 경복을 비롯하여 경복궁의 주요 전각 이름은 정도전이 지었다. 그러나 영추문은 원래 서문으로 불리다가 세종이 그 이름을 지었다. 광화문, 건춘문도 세종이 지은 이름이다.

경복궁 광화문이 조선의 역사와 함께했듯 영추문 앞에서도 크고 작은 일이 많이 일어났다. 영추문은 주로 관리들이 드나들었다. 밤에는 닫고 낮에만 열어두었다. 그러나 한때 밤새도록 문을 열어둔 적이 있었다. 세종의 여섯째 아들 금성대군이 열다섯 살 때 심한 창진(瘡疹), 오늘날 의학용어로 하면 천연두에 걸려 위독한 상태에 이르렀다. 세종은 영추문을 밤새도록 열어놓고 금성대군의 사저로 내의를 보내 수시로 아들의 병세에 관해 물었다고 한다.

그로부터 400년이 흐른 뒤 영추문 앞에서 큰일이 벌어졌다. 어느 날 한밤중이었다. 닫혀 있는 영추문을 부수고 들어오려는 일단의 무리가 있었으니, 바로 일본군이었다. 1894년 음력 6월 21일 새벽에 벌어진 일이었다.

전라북도 고부에서 봉기한 동학농민군이 파죽지세로 치고 올라와 전라도 전주성을 함락시켰다. 전주는 태조 이성계의 본향이었다. 놀란 고종과 명성황후는 음력 5월 1일 청나라에 원군을 요청했다. 자기 나라 백성을 진압하기 위해 외국의 군대를 끌어들이다니. 신하들의 반발이 거셌다.

청나라 군대가 조선에 들어왔고, 일본도 청나라와 맺었던 톈진조약에 따라 조선에 군대를 파견했다. 톈진조약은 조선에서 청나라와 일본 양국 군대 중 한 나라에 군대를 요청할 때 동시에 파병할 수 있다는 조약이다. 조선은 동학농민군을 진압하기 위해 청나라를 끌어들였는데, 정작 조선에서 자기네 나라의 영향력을 확장하려는 청나라와 일본의 전쟁으로 치닫게 되었다. 일본은 이 기회에 아예 청나라가 조선에 미치는 영향력을 없애고자 했다. 일본은 전쟁의 주도권을 잡으려고 고종을 손안에 확보하려 했다.

1894년 음력 6월 21일 《고종실록》을 보자. 《고종실록》은 조선총독부가 편찬한 것이다.

일본(日本) 군사들이 대궐로 들어왔다. 이날 새벽에 일본군(日本軍) 2개 대대(大隊)가 영추문으로 입궐(入闕)하자 시위 군사들이 총을 쏘면서 막았으나 상이 중지하라고 명하였다. 일본 군사들이 마침내 궁문(宮門)을 지키고 오후에는 각영(各營)에 이르러 무기를 회수하였다.

일본군이 영추문을 부수고 들어온 사건을 '입궐'이라고 표현했다. 마치 조선 군사들이 전후 사정을 모른 채 총을 쏘자, 고종이 이를 말렸고, 일본 군사들이 고종을 지켜주려고 했던 것처럼 써놓았다.

한때 국립중앙박물관에 전시되었으나 지금은 내린 〈흥선대원군 호송

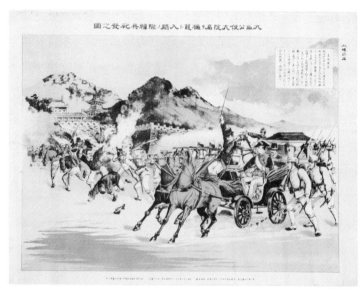

▲ 〈흥선대원군 호송도〉의 모습

도〉라는 그림이 있다. 일본군이 대원군을 마차에 태우고 경복궁으로 들어가는 모습이 담겨 있다. 앞 마차에는 일본 공사 오토리 게이스케(大鳥圭介)가 앉아 있고, 뒤 마차에는 나이 든 흥선대원군이 앉아 있다. 고종과 사이가 좋지 않은 흥선대원군을 앞세워 그가 궁궐을 습격한 것처럼 보이게 했다.

영추문을 부수고 궁궐에 난입한 일본군은 함화당에 머물고 있던 고종의 신변을 확보했다. 일본은 고종에게 청나라 군대가 그만 조선을 떠나도록 명령하게끔 겁박했다. 일본은 경복궁 습격 사건을 우연히 일어난 사건처럼 포장했다. 군대를 이동하고자 경복궁 주변을 지나가던 중 조선 군사들이 오해하여 먼저 발포하였고 부득이하게 교전하게 된 것이라 했다.

그런데 일본 측이 감추고 싶었던 기록이 일본에서 발견되었다. 후쿠시마 현립도서관 내 사토문고에는 일본 육군 참모본부가 공식 발간한 《일청전사(日淸戰史)》 초안이 보관되어 있는데, 이것에서 고종을 '감금(擒)'이라고 했다가 '옹위(擁)'라고 고친 흔적이 발견되었다. 전체 기록을 살펴보면, 일본의 경복궁 습격이 철저하게 계획된 사건이었음을 알 수 있다. 또한 고종이 조선 군사들에게 일본 군사를 막지 말라고 명한 것은 고종이 하지도 않은 말이었다. 일본과 내통한 김가진, 안경수가 고종이 말한 것처럼 거짓으로 지어낸 것이었다.

결국 조선은 일본 편에서 청일전쟁을 바라보게 되었다. 청나라와 일본의 격전은 영추문 난입 사건 이틀 뒤인 음력 6월 23일 경기만 앞바다 풍도에서 벌어졌다. 풍도해전에서 일본은 청나라를 완전히 제압했다. 이후 경기도 성환(오늘날 충청남도 천안 인근), 평안도 평양 등지까지 승승장구하며, 전쟁은 일본의 일방적 승리로 끝났다.

보통 1894년 음력 6월 23일 풍도해전을 청일전쟁의 시작으로 보고 있다. 전쟁은 조선 땅에서 일어났다. 그러나 전쟁의 시작을 알리는 총성은 그보다 이틀 전인 경복궁 영추문 앞에서 비롯된 것이다.

세종과 함께 광화문 월대를 거닐다

누가 경복궁의 이름을 지었을까

사람들은 경복궁 하면 가장 먼저 어떤 인물을 떠올릴까? 궁 이름을 경복궁이라고 지은 정도전? 조선을 세우고 한양으로 천도하여 경복궁을 만든 태조 이성계? 경복궁에서 왕자의 난을 일으킨 이방원? 임진왜란 때 불탄 경복궁을 중건한 고종의 아버지 흥선대원군?

경복궁 광화문을 거닐며 내가 떠올린 인물은 세종이다. 임진왜란으로 불타기 전, 경복궁이 조선 왕조의 법궁다운 면모를 갖춘 것은 세종 때였다. 1426년 집현전에서는 왕명을 받아 경복궁의 각 문과 다리의 이름을 지어 올렸다. 40년간의 경복궁 복원사업 끝에 지난 2023년 10월, 100년 만에 광화문의 월대가 복원되었다. 세종이 지금의 광화문 월대를 본다면 무슨 말을 할까? 그의 눈에 오늘날의 경복궁은 어떻게 비칠 것인가.

광화문의 월대

세종이 알던 경복궁의 모습은 임진왜란 때 불타서 사라졌다. 그 이후 경복궁, 특히 광화문의 모습은 파란만장하게 변화했다. 광화문 앞에 월대가 생긴 건 19세기 후반, 조선의 제26대 왕 고종 때의 일이다. 고종의 아버지인 흥선대원군이 불탔던 경복궁을 다시 지으며 광화문 월대를 만들었다. 그러나 일제가 1923년 흥선대원군이 만든 광화문 월대를 헐고 전차선로를 놓으면서 월대는 사라졌다. 그때 월대 말고도 경복궁이 많이 훼손되었다. 일제가 훼손했던 경복궁을 복원하는 일은 1990년대 들어서 시작되었고, 우리가 지금 보는 광화문 월대는 2023년에 복원이 완료된 모습이다.

월대에는 어떤 의미가 있을까? 사실 월대에 대한 기록은 고종 이전까지만 해도 없다. 《경복궁 영건일기》를 보면 1866년(고종 3) 3월 3일 "광화문 앞에 월대를 쌓았다"라고만 기록되어 있다. 월대에 관한 여러 기록을 참고해 월대를 왕실의 권위를 높이며 왕과 백성이 소통할 수 있도록 만든 공간이라고 이해할 뿐이다.

《조선왕조실록》에는 세종이 "지금은 농번기인데 어찌 백성들을 수고롭게 하겠는가?"[4]라고 말한 뒤로 월대에 대한 언급이 없다. 이를 보면, 조선 전기까지도 광화문 앞에 월대는 없었던 것으로 보인다. 이렇게 역사 속에 광화문 월대가 있기도, 없기도 했다면 경복궁 복원은 어느 시기를 기준으로 해야 할까. 현재의 경복궁 복원이 원칙으로 삼은 기준은 흥선대원군 버전이다. 그래서 지금의 광화문 월대도 흥선대원군 때를 기준 삼아 복원한 것이다.

나라와 왕의 권위는 어디에서 나오는 것일까. 흥선대원군은 월대를 쌓아 겉으로 보이는 권위를 쌓았다. 왕이 아니라, 왕의 아버지였기에 보여지는 권위가 더욱 필요했을 것이다. 그러나 이런 방식의 권위에는 한계가 있다. 반면 '백성을 수고롭게 하지 않겠다'는 권위는 어떠한가. 왕의 마음에서 비롯된, 보이지 않는 권위에는 한계가 없다. 복원한 광화문 월대에 서니 월대를 세우지 말라고 했던 세종의 뜻을 생각해보게 된다.

수정전과 집현전

흥례문과 마찬가지로 문안으로 들어가면 만나는 영제교도 세종 때 지은 이름이다. 영제교를 건너면 마주하는 근정문 양옆에는 월화문과 일화문이라는 작은 문이 있는데, 이것도 세종이 지었다.

근정전을 둘러본 뒤에 사람들은 보통 서쪽의 경회루로 향한다. 경복궁에 있는 여러 전각 중에서 가장 마음에 드는 것이 무엇이냐고 물으면, 웅장한 근정전과 연못이 어우러진 경회루를 가장 많이 꼽을 것이다. 두 곳은 언제나 관람객들로 북적인다. 그런데 경회루로 향하는 길 왼쪽에도 매우 소박하지만 중요한 건물이 하나 있다.

앞에 있는 경회루만 보느라 미처 주목하지 못한 건물. 여기는 어떤 곳일까? 현판에는 수정전이라는 글자가 있고, 바로 앞에 장영실이 만든 자격루가 있었음을 알리는 표지석이 있다.

이곳은 바로 '집현전'이다. 한국 역사상 가장 중요한 사건을 꼽으라면, 나는 한글 창제를 들고 싶다. 사람들은 집현전이 무엇을 하던 곳인지는 잘 알지만, 경복궁에서는 경회루만 바라보지 뒤쪽에 있는 건물이 집현전이었단 것을 대부분 모른다. 이곳이 무슨 건물인가 궁금해서 찾아도 바로 앞에 있는 표지석에는 엉뚱하게 장영실이 자격루를 설치한 보루각이라고 설명하고 있다. 이곳이 집현전이었다는 사실을 알기가 어렵게 되어 있다. 정작 집현전이었다는 설명이 쓰인 안내판은 저 멀리 잘 안 보이는 곳에 떨어져 있다.

집현전은 세조 때 없어진 뒤 홍문관 등으로 불리다가 흥선대원군 복원 때 수정전으로 이름이 바뀌었다. 흥선대원군이 중건하면서 자기 나름대로 이름을 새로 지은 것처럼, 대한민국도 경복궁을 복원했을 때 집현전이란 이름을 선택했으면 어땠을까 하는 아쉬움이 있다. 그렇게 된다면 사람들은 너도나도 '경복궁과 집현전'을 묶어 떠올리면서, 자연스럽게 한글에 대해 더욱더 많은 관심을 가질 것이다. 경복궁은 한국을 찾는 외국인 관광객들로 북적이는 곳이지 않은가. 한국의 한글이 이곳에서 만들어졌다는 것이 더욱 널리 알려졌으면 하는 바람이다.

경복궁은 새 나라 조선을 상징하는 궁궐이다. 그러나 조선의 왕들은 오히려 경복궁을 꺼렸다. 조선을 세운 태조 이성계가 한양으로 천도하여 경복궁에 머물렀으나 자식들끼리 싸우는 왕자의 난이 벌어졌고, 결국

정종에게 왕위를 물려주고 경복궁을 떠나게 된다. 정종도 경복궁이 싫다며 개경으로 도읍을 옮겼다. 개경에서 또 왕자의 난이 일어났고, 정종은 태종에게 왕위를 넘겼다. 태종은 한양으로 다시 돌아왔지만, 경복궁으로 가지 않고 새로 창덕궁을 지어 그곳에서 지냈다.

경복궁이 명실상부 조선을 대표하는 궁궐이 된 것은 세종 때였다. 세종은 경복궁에 머무르면서 여러 건물을 보수하고 새로 지으며 이름을 붙였다. 광화문, 영제교, 홍례문, 일화문, 월화문, 건춘문, 영추문 등은 세종 때 새로 지어진 이름이다. 아예 새로 짓고 이름 붙인 건물로는 교태전과 동궁전의 자선당 등이 있다.

경복궁을 복원할 때 단지 옛 건물을 다시 살리는 것에만 그 의미를 둬야 할 것인가. 복원을 통해 과거의 역사를 돌아볼 수 있는 의미를 강조하는 것도 중요하다. 예나 지금이나 가장 중요한 건 '백성(국민)을 생각하는 마음'이다. 명확한 복원 기준도 중요하겠지만, 이름을 통해 복원의 의미를 살릴 수 있다면 더 좋지 않을까?

세종과 경복궁을 거닐다 보니, 광화문 앞에 세워진 세종대왕 동상이 다시 보인다. 경복궁의 진정한 주인은 세종대왕이 아닐까.

| 참고문헌 및 그림 출처 |

• 이메일 뉴스레터 〈나만의 한국사 편지〉

조경철, '41번째 편지-경복궁, 불을 막아라!', 2022.

조경철, '36번째 편지-흥례문은 원래 홍례문? 사연 많은 궁궐 현판', 2022.

조경철, '79번째 편지-영추문에서 들린 총성', 2024.

조경철, '74번째 편지-세종과 함께 광화문 월대를 거닐다', 2024.

• 단행본

허균, 《궁궐장식》, 돌베개, 2011.

이시우, 《궁궐 걷는 법》, 유유, 2021.

김용덕, 《문화재에 숨은 신비한 동물사전》, 담앤북스, 2023.

황인희, 《궁궐, 그날의 역사》, 기파랑, 2014.

장영기, 《조선 시대 궁궐 운영 연구》, 역사문화, 2014.

이향우, 《궁궐로 떠나는 문양여행》, 인문산책, 2021.

허균, 《한국 전통 건축 장식의 비밀》, 대원사, 2013.

양승렬, 《사사건건 경복궁》, 시대의창, 2021.

김기웅, 《한국의 원시 고대미술》, 정음사, 1974.

이어령, 《토끼(십이지신)한.중.일 비교문화 시리즈》, 생각의나무, 2010.

이익주 편저,《한국사상선1 정도전》, 창비, 2024.

정재서 역주,《산해경》, 민음사, 1996(신장판).

• 논문 및 간행물

배우성, 최진욱, 유승희, 김윤주, 나영훈, 김창수,《국역 경복궁 영건일기》, 서울사료총서16, 서울역사편찬원, 2019.

〈경복궁 영건일기로 본 경복궁 중건〉, 문화재청궁능유적본부, 2021.

이성준,〈경복궁 영제교 천록상 연구〉,《고궁문화》제16호, 2018.

김민규,〈'위정이덕(爲政以德)'과 '경천근민(敬天勤民)'으로 본 경복궁 근정전 난간석주 서수상의 의미〉,《고궁문화》제16호, 2023.

박윤희,〈경복궁 사정전「쌍룡도」벽화의 설치 배경과 제작 시기 검토〉,《고궁문화》제15호, 2022.

김민규,〈경회루 연못 출토 청동용(靑銅龍)과 경복궁 서수상(瑞獸像)의 상징 연구〉,《고궁문화》제7호, 2014.

이호선,〈조선 시대 궁궐의 전각(殿閣) 배치에 대한 풍수적 해석과 서수(瑞獸) 배치에 대한 상징적 의미〉, 한양대학교대학원, 2021.

이호선, 한동수,〈경복궁 근정전 월대 석난간에 설치된 서수 조각물의 내용 및 상징적 의미 연구 -28수 관련 내용을 중심으로-〉, 건축역사연구, 2020.

박은정,〈문학 : 근대 이전 호랑이 상징성 고찰〉, 온지논총, 2015.

백은경,〈조선왕실의 취향(27)- 고종과 도자기〉,《한국일보》, 2020.

서정희, 〈『서유기』의 사오정 연구〉, 대한중국학회, 2018.

• 웹사이트

한국민족문화대백과사전(https://encykorea.aks.ac.kr)

한국민속대백과사전(https://folkency.nfm.go.kr)

국사편찬위원회 조선왕조실록(https://sillok.history.go.kr)

문화포털(https://www.culture.go.kr)

국립고궁박물관(https://www.gogung.go.kr)

한국학중앙연구원 디지털인문학연구소 한양 도성 타임머신 빅테이터(https://dh.aks.ac.kr/hanyang2/wiki)

우리역사넷(http://contents.history.go.kr)

• 그림 출처

28쪽 중앙문 쌍봉(ⓒ유물시선).

30쪽 동쪽 협문 용마(ⓒ유물시선).

32쪽 서쪽 협문 거북(ⓒ유물시선).

54쪽 〈천상열차분야지도〉(국립고궁박물관, www.gogung.go.kr).

98쪽 경복궁 사정전 내부 쌍룡도(한국학중앙연구원·유남해).

164쪽 경복궁 향원정 천장(한국학중앙연구원·유남해).

178쪽 경복궁 건춘문(ⓒ유물시선).

180쪽 경복궁 신무문(ⓒ유물시선).

182쪽 경복궁 영추문(©유물시선).

190쪽 위: 상량문에 함께 올린 용 그림(국립고궁박물관, www.gogung. go.kr).

아래: 1000개의 '龍'으로 만든 '水'(국립고궁박물관, www.gogung. go.kr).

192쪽 '水'자를 새긴 육각형 은판(국립고궁박물관, www.gogung. go.kr).

195쪽 영조가 쓴 글씨를 새긴 계석행 현판(국립고궁박물관, www. gogung.go.kr).

196쪽 위: 영조가 남긴 억석회만 현판(국립고궁박물관, www.gogung. go.kr).

아래: 어의궁에 행차해 남긴 용흥구궁 현판(국립고궁박물관, www. gogung.go.kr).

197쪽 위: 대안문 현판(국립고궁박물관, www.gogung.go.kr).

아래: 인화문 현판(국립고궁박물관, www.gogung.go.kr).

199쪽 경복궁 흥례문 현판(©조경철).

204쪽 〈흥선대원군 호송도〉(국립중앙박물관).

|주|

1. 배우성, 최진욱, 유승희, 김윤주, 나영훈, 김창수, 《국역 경복궁 영건일기 1》, 서울사료총서16, 서울역사편찬원, 2019, 275쪽.

2. 배우성, 최진욱, 유승희, 김윤주, 나영훈, 김창수, 《국역 경복궁 영건일기 1》, 서울사료총서16, 서울역사편찬원, 2019, 337쪽.

3. 이성준, 〈조선 후기 해치상(해치像)의 도상 변천 −광화문 해치상을 중심으로〉, 강좌미술사 39호, 한국불교미술사학회, 2012, 112~113쪽.

4. 이성준, 〈조선 후기 해치상(해치像)의 도상 변천 −광화문 해치상을 중심으로〉, 강좌미술사 39호, 한국불교미술사학회, 2012, 112~113쪽.

5. 《고종실록》 4권, 고종 4년 11월 14일 계해 2번째기사.

6. 허균, 《전통 문양》, 대원사, 1995, 36쪽.

7. 배우성, 최진욱, 유승희, 김윤주, 나영훈, 김창수, 《국역 경복궁 영건일기 2》, 서울역사편찬원, 2019, 119쪽.

8. 허균, 〈궁궐장식4−정전 진입 과정의 신수들〉, 《월간 문화재》 10월 호, 2011.

9. 허균, 《궁궐장식》, 돌베개, 2011, 98~99쪽.

10. 《조선고적도보(朝鮮古蹟圖譜)》 10권, 경인문화사, 1980, 1319쪽.

11. 《태종실록》 12권, 태종 6년 8월 20일 병오 2번째기사.

12. 《태종실록》 35권, 태종 18년 1월 1일 임자 3번째기사.

13. 허신 저, 하영삼 역주, 《완역설문해자 2》, 도서출판3, 2022, 1043쪽.

14. 김민규, 〈'위정이덕(爲政以德)'과 '경천근민(敬天勤民)'으로 본 경복궁 근정전 난간석주 서수상의 의미〉, 《고궁문화》 제16호, 2023, 115쪽.

15. 허균, 《전통 문양》, 대원사, 1995, 40쪽.

16. 〈경복궁 영건일기로 본 경복궁 중건〉, 문화재청궁능유적본부, 2021, 380쪽.

17. 배우성, 최진욱, 유승희, 김윤주, 나영훈, 김창수, 《국역 경복궁 영건일기 2》, 서울사료총서16, 서울역사편찬원, 2019, 334쪽.

18. '문화보국을 기원한 간송의 집념으로 되찾은 청자 모자원숭이 모양 연적', 국가유산사랑, 국가유산청, 2024.10.07, URL: https://www.khs.go.kr/cop/bbs/selectBoardArticle.do?nttId=79171&bbsId=BBSMSTR_1008&pageIndex=1&mn=NS_01_09_01.

19. 《태조실록》 6권, 태조 3년 7월 13일 경술 1번째기사.

20. 《태종실록》 15권, 태종 8년 4월 18일 병신 1번째기사.

21. 《세종실록》 64권, 세종 16년 4월 11일 무오 5번째기사.

22. 《문종실록》 4권, 문종 즉위년 10월 7일 정축 7번째기사.

23. 《성종실록》86권, 성종 8년 11월 4일 정묘 3번째기사.

24. 백은경, 〈조선왕실의 취향(27)-조선왕실의 원숭이 사랑〉, 《한국일보》, 2020.09.19.

25. 이호선, 〈조선 시대 궁궐의 전각(殿閣) 배치에 대한 풍수적 해석과 서수(瑞獸) 배치에 대한 상징적 의미〉, 한양대학교대학원, 2021.

26. 사금갑(射琴匣), '비처왕이 금갑에서 사통하던 궁주와 분수승을 죽이다', 《삼국유사》 권 제1, 제1기이, 국사편찬위원회, 2024.10.25, URL: https://db.history.go.kr/ancient/level.do.

27. 여기서 □ 모양은 오타가 아니라 《국역 경복궁 영건일기 2》의 해석을 그대로 가져온 것이다. 배우성, 최진욱, 유승희, 김윤주, 나영훈, 김창수, 《국역 경복궁 영건일기 2》, 서울사료총서16, 서울역사편찬원, 2019, 334쪽.

28. 유득공, 《영재집(泠齋集)》, 〈춘성유기(春城遊記)〉, 한국고전종합DB, 2024.10.28, URL: http://db.itkc.or.kr/inLink?DCI=ITKC_MO_0579A_0160_010_0010_2007_A260_XML.

29. 허균, 《궁궐장식》, 돌베개, 2011, 113~115쪽.

30. 《정종실록》1권, 정종 1년 3월 4일 을해 1번째기사.

31. 《정종실록》2권, 정종 1년 8월 8일 을사 1번째기사.

32. 《세종실록》61권, 세종 15년 7월 12일 계해 1번째기사.

33. 허균, 《궁궐장식》, 돌베개, 2011, 136쪽.

34. 박윤희, 〈경복궁 사정전 「쌍룡도」 벽화의 설치 배경과 제작 시기 검토〉, 《고궁문화》 제15호, 2022.

35. 배우성, 최진욱, 유승희, 김윤주, 나영훈, 김창수, 《국역 경복궁 영건일기 2》, 서울사료총서16, 서울역사편찬원, 2019, 84쪽.

36. 양승렬, 《사사건건 경복궁》, 시대의창, 2021, 213쪽.

37. 《세종실록》 24권, 세종 6년 5월 20일 갑오 2번째기사.

38. 〈경복궁 자선당 유구, 일본서 80년 만에 되돌아왔다〉, 《한국경제신문》, 1996.01.05.

39. 이왕무, 〈경복궁 자경전 '서수'의 고찰〉, 《역사민속학》 제48호, 2015.

40. 배우성, 최진욱, 유승희, 김윤주, 나영훈, 김창수, 《국역 경복궁 영건일기2》, 서울사료총서16, 서울역사편찬원, 2019, 321쪽.

41. 《세종실록》 132권, 오례 / 가례서례 / 여연 / 동궁연.

42. 배우성, 최진욱, 유승희, 김윤주, 나영훈, 김창수, 《국역 경복궁 영건일기 1》, 서울역사편찬원, 2019, 337~338쪽.

43. 네이버지식백과, 김창환, 《중국의 명문장 감상》, 2024. 9. 23. URL: https://terms.naver.com/entry.naver?docId=3377244&cid=60587&categoryId=60587.

44. 박진희, 〈4권 근현대 과학 기술과 삶의 변화〉, 《한국 문화사》, 국사편찬위원회, 2024.10.17, URL: http://contents.history.go.kr/

front/km/view.do?levelId=km_004_0030_0010_0010.

45. 《고종실록》 36권, 고종 34년 11월 22일 양력 2번째기사.

• 부록

1. 배우성, 최진욱, 유승희, 김윤주, 나영훈, 김창수, 《국역 경복궁 영건일기 1》, 서울사료총서16, 서울역사편찬원, 2019, 96~97쪽.

2. 목조 건물 건축 과정에서 최상부 부재인 종도리(마룻도리)를 올리는 상량제 때 사용하는 축문을 말한다.

3. 국립고궁박물관 '조선의 이상을 걸다–궁중현판' 전시(2022).

4. 《세종실록》 51권, 세종 13년 3월 29일 계사 2번째기사.

감수 조경철

역사학자. 2003년부터 연세대에서 한국사를 가르치며,
나라이름역사연구소를 운영하고 있다.
《나만의 한국사》《백제 불교사연구》《유물시선: 돌》등을 썼다.
늘 새로운 시각에서 역사를 바라보고자 한다.

경복궁 환상 여행 : 궁궐에 숨은 73가지 동물을 찾아서

초판 1쇄 인쇄 2025년 2월 20일
초판 1쇄 발행 2025년 3월 12일

지은이 유물시선
감수자 조경철
펴낸이 최순영

출판2 본부장 박태근
지식교양 팀장 송두나
편집 송두나
디자인 함지현

펴낸곳 ㈜위즈덤하우스   출판등록 2000년 5월 23일 제13-1071호
주소 서울특별시 마포구 양화로 19 합정오피스빌딩 17층
전화 02) 2179-5600   홈페이지 www.wisdomhouse.co.kr

ⓒ 유물시선, 2025

ISBN 979-11-7171-297-7 03910